庭に美しいハーモニーを奏でよう

ケイ山田の
ガーデンパレット

ケイ山田

Garden Palette

KADOKAWA

Pink
[バラ]

Orange

［チューリップ、ユーフォルビア］

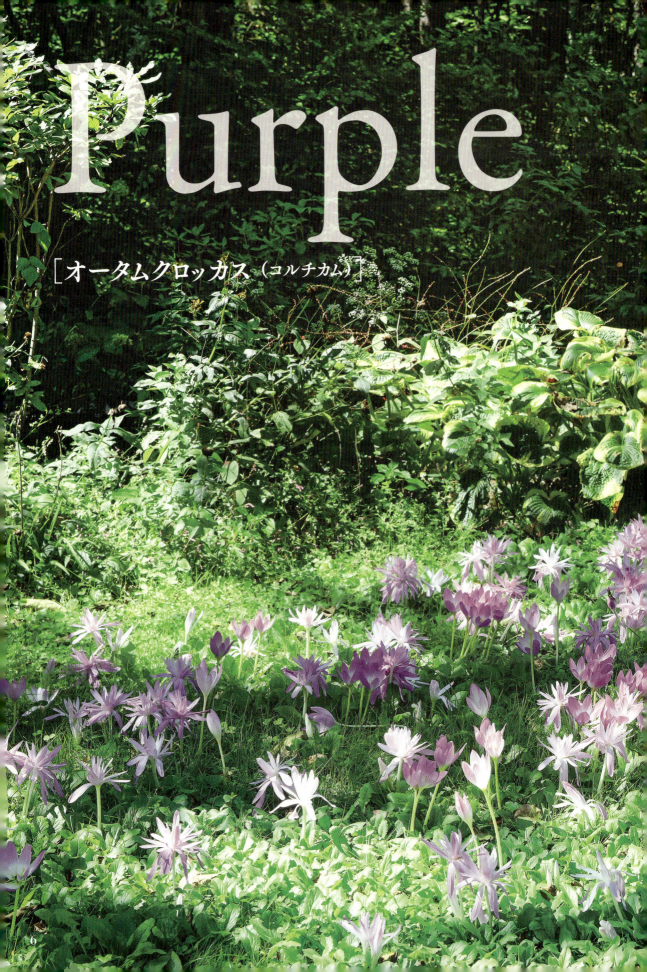

Purple

［オータムクロッカス（コルチカム）］

Blue Purple

［シャクナゲ、チューリップ］

Contents

- 2　ピンク Pink
- 4　オレンジ Orange
- 6　紫 Purple
- 8　青，紫 Blue, Purple

13　{ Chapter 1 }　庭を美しく印象的に見せるための配色アイデア

Mix

- 14　マカロンピンク、マカロンイエロー
- 17　マカロンイエロー、ソフトピンク、フューシャパープル
- 18　ゼニスブルー、クリームイエロー
- 20　ブリリアントイエロー、ラベンダー
- 22　ペールパープリッシュブルー、パステルピンク
- 25　キャンディパープル、サルビアブルー、ソフトピンク
- 26　ライムイエロー、ブリンクピンク
- 28　チェリーピンク、ヨットブルー
- 30　ホワイティッシュグリーン、サボイブルー
- 33　タンジェリンオレンジ、メキシカンピンク、シャーベットブルー
- 34　パープリッシュブラック、サンオレンジ、ブリリアントイエロー、ローズピンク、ミルキーホワイト
- 36　アプリコットオレンジ、ホワイト、モーブパープル
- 38　ダークレッド、サンセットオレンジ
- 41　サルビアブルー、アクアブルー、カナリーイエロー、コーラルオレンジ

Pink

- 42　ソフトピンク、ウルトラピンク
- 45　ピンクレース、キューピッドピンク、ホワイト
- 46　パウダーピンク、ブライトイエロー
- 48　オペラピンク、ライトレーズンブラック

Yellow&Orange

- 52　レモンイエロー、コーラルオレンジ、ホワイト
- 55　ゴールデンイエロー、ホワイト
- 56　カナリーイエロー、ダークレッド
- 58　サンオレンジ、クロムオレンジ、スプリンググリーン、チョコレート
- 60　クロムオレンジ、ライトパープル、ジェードグリーン

Blue&Purple

- 62　サファイアブルー、ストロングパープル
- 65　フューシャパープル、ペールパープル、ペールライラック
- 66　ストロングパープル、スマルトブルー

White & Green

- 68 　オフホワイト、ライムイエロー
- 71 　フォレストグリーン、リーフグリーン
- 72 　ミルキーホワイト
- 74 　ベビーホワイト、スノーホワイト

Black

- 76 　パープリッシュブラック
- 79 　ライトレーズンブラック、クロムオレンジ

83　Chapter 2　バラクラ イングリッシュガーデンに学ぶ庭づくり

- 84 　私が庭づくりで大切にしている3つのこと
- 86 　年に1度咲くオールドローズの蔓バラ
- 88 　手軽に楽しめトラブルが少ない球根花
- 90 　秋のガーデンを華やかに彩るダリア
- 92 　ケイ山田流 個性を出した寄せ植えのつくり方
- 94 　花は咲き終わって葉が枯れても7週間はそのまま
- 96 　雑草との付き合い方は庭の年月で変化する
- 98 　バラクラに咲くとても珍しいシャクナゲ
- 100　英国式ガーデンを知る。貴族の庭園から独自のスタイルが誕生
- 102　変化し続けるイギリスでの庭に対する考え方
- 104　イングリッシュガーデンの基本スタイル

109　Chapter 3　自然との共存。これからのガーデンに必要なこと

- 110　人々が健やかに自然と共存するこれからの庭
- 112　暑さに強い植物を導入。温暖化で変化するガーデンデザイン
- 114　自然と共存する庭で生まれる生態系の秩序
- 116　人々の暮らしを変えていく地域社会の庭づくり
- 118　みつけイングリッシュガーデンの奇跡
- 120　いまイギリスで注目度が高いベス・チャトー・ガーデン
- 122　英訳されずそのまま海外で使われる「森林浴」

Contents

127 { Chapter 4 } 色別フラワーコレクション

- 128 ピンク Pink
- 131 赤 - 茶 Red-Brown
- 132 オレンジ - 黄色 Orange-Yellow
- 133 黄色 Yellow
- 135 黄色 - 緑 Yellow-Green
- 136 白 White
- 138 白 - 青 White-Blue
- 139 青 Blue
- 140 紫 Purple
- 141 紫 - 黒 Purple-Black

Column

- 50 色合わせから考える植物選び
- 80 面で色を見せる
- 82 バラクラで出合えるチューリップの咲き方
- 108 バラクラで出合えるダリアの咲き方
- 124 蓼科高原 バラクラ イングリッシュガーデンの1年
- 126 蓼科高原 バラクラ イングリッシュガーデンのあゆみ

本書の見方

〈用語〉
バラクラ／本文内では、「蓼科高原 バラクラ イングリッシュガーデン」について「バラクラ」と略して表記しています。
暖地／気候が温暖な地域を指します。本書では、関東以西の地域を想定しています。夏は高温、冬の寒さが厳しくなく降雪や凍結が少ない地域です。

〈Chapter1〉
配色の分け方
ミックスは同系色以外の2色以上の配色。ピンク、イエロー＆オレンジ、ブルー＆パープル、ホワイト＆グリーン、ブラックの各色については、該当する色の割合が7割以上を占めるものにしています。

栽培カレンダーについて
ページ内の栽培カレンダーでは、蓼科、暖地それぞれの開花期、蓼科と暖地をまとめた植えどきを表記しています。開花期については、目安になります。地域や天候状況により変わることもあります。

撮影　三浦希衣子
アートディレクション　釜内由紀江（GRiD）
デザイン＆DTP　石川幸彦（GRiD）
植物監修　富田裕明（植物研究家）
校正　尾野製本所
編集協力　宮脇灯子
写真　蓼科高原 バラクラ イングリッシュガーデン、pixta
編集　櫻井純子、柳 緑（KADOKAWA）

参考文献
『色の名前と言葉の辞典888』桜井輝子監修（東京書籍）、『増補改訂版　色の名前事典519』福田邦夫著　日本色彩研究所監修（主婦の友社）

Chapter 1

庭を美しく印象的に見せるための配色アイデア

実際のイングリッシュガーデンの写真で見せる
植物同士の組み合わせ、色合わせ。
配色しだいで、心に残る美しい庭景色となります。

マカロンピンク
マカロンイエロー

甘やかな色と涼やかな色を同じトーンで

庭の小道を散歩していると、パッと目の前に現れる大輪の黄色のユリと、ピンクのアナベル。カラフルなマカロンカラーが目を引きます。

macaron pink

macaron yellow

マカロンピンク、マカロンイエロー

甘やかな色と涼やかな色を同じトーンで

　レンガ塀沿いの小道の脇は、夏は足元にグリーンが茂り少し暗い印象になります。そこで、高い位置にフォーカルポイントをつくって明るくしたいと思い、ピンクのアジサイ'ピンクアナベル'と、黄色のユリ'コンカドール'を寄り添うように植えました。ともに草丈が1mほどになり高さが揃うのと、壁のレンガ色と調和がとれる色みであることから選んだ花です。

　夏の庭を彩るユリのなかでも大輪の'コンカドール'は、特に華やかで優雅な雰囲気。'ピンクアナベル'は、一般的な白いアナベルより花弁が小さく、固まりになって咲いている姿は可憐でやさしげです。

　マカロンカラーは、お菓子のマカロンを思わせるカラフルな色。パステルカラーよりもわずかに濃い色です。ピンクと黄色の配色はかわいらしく涼しげな印象です。

　'ピンクアナベル'の咲き具合によっては、ユリの黄色の主張が強くなります。これを、それぞれの葉の緑色がやわらげています。

Point

レンガ塀の色との調和を考えた花選び　花同士の高さを揃え、周囲の緑から浮き立たせます

① **アジサイ**'ピンクアナベル' → p.128
つぼみのときは粒々した濃いピンクで、開花が進むと淡いピンクに。色のグラデーションも魅力です。

② **ユリ**'コンカドール' → p.133
オリエンタルリリーに分類されるユリです。この品種は別名「イエローカサブランカ」とも呼ばれ、大輪で芳しい香りが特徴。次々とつぼみが開き、蓼科では夏中楽しめます。

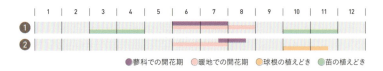

マカロンイエロー、ソフトピンク、フューシャパープル

macaron yellow

soft pink

fuchsia purple

ピンクを背景にした明るく涼やかなイエロー

　日陰で、ピンクと紫、2種類のフロックスだけを植えていた場所に、パッと目を引く明るさが欲しいと思い、ユリ'コンカドール'を植えました。宿根草タイプのフロックスは7月から次々と開花し、8月に見ごろとなります。柔らかくやさしい印象の小花を背景に、同じ高さで開花するユリの華やかで涼しげな黄色が目を楽しませてくれます。

1　ユリ'コンカドール' → p.133
蓼科の気候やこの庭の土壌と相性がよく、毎年たくさんの花を咲かせます。庭のあちこちに植えています。

2　フロックス
草丈のある宿根草タイプ。花の高さがユリと揃い、ユリの背景として、ともに引き立て合う存在です。

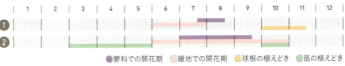

ゼニスブルー、クリームイエロー

補色で見せる、爽やかなコントラスト

zenith blue

cream yellow

Point

スイセンとワスレナグサでつくりだした風景 ブルーと黄色の配色はやさしさを感じさせます

　新緑の季節に清楚な小花を咲かせるワスレナグサの、明るい空のような青色が映える野原をつくりたいと思い、実現させた風景です。林のなかの明るい色の野原は、まさにイングリッシュガーデンの基本スタイルのひとつであるウッドランド(p.106)です。

　ワスレナグサは愛らしく、幼いころ、野原で花を摘んだことを思い出す、私が大好きな花。引き立てる花として選んだのは、ミニサイズのかわいらしいスイセン'サンディスク'です。このスイセンの間にワスレナグサを群生させました。

　ワスレナグサは種から大きく育てた苗、約6000ポットを、毎年秋にスイセンと同時に植えます。バラクラ(蓼科高原 バラクラ イングリッシュガーデン、以下バラクラ)のある蓼科では冬の気温が低いため、ワスレナグサが冬を越すことは難しく、この方法を見つけるまで7、8年かかりました。

　暖地では、秋に園芸店などで販売している苗を球根とともに植えることができます。青と黄色は補色の関係なので、やさしい色みでありながらもコントラストがつき、庭の印象が締まるように思います。

①　スイセン 'サンディスク'　→ p.134
蓼科では5月上中旬に咲きます。草丈が低いため、まとめて植えると地面が明るく華やかになります。香りがいい。

②　ワスレナグサ　→ p.139
春から初夏の、庭の名脇役として欠かせない花。群生させると青色が際立ち、庭の表情を変えてくれます。

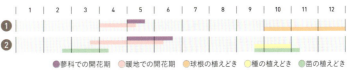

ブリリアントイエロー、ラベンダー

明るい青紫色と黄色で明るく印象的に

　ラベンダーのような明るい青紫色のカマシアと黄色のチューリップ'ムスカデット'。補色の組み合わせが印象的な、5月中旬の風景です。

　もともとはチューリップのあと、カマシアの清楚な花姿が野原を埋めつくすようにしたいと計画したのですが、たまたま、この年は遅咲きの黄色のチューリップと開花時期が重なりました。カマシアは北米原産。チューリップなどと同じ秋植え球根です。スノーフレークやスイセンのように植えっぱなしで増えていく丈夫な植物です。バラクラでは15年ほど前から植えはじめました。春のチューリップやヒヤシンスが咲き終わったあとに咲いてくれるカマシアは、シーズンをつなぐ花として、とてもありがたい存在です。

　チャールズ英国王は、カマシアの白花を大変気に入っており、その影響でイギリスでは一般の家の庭によく植えられています。

　チューリップが終わると、色はカマシアの青紫のみの静かな印象となります。そのカマシアの間から顔を出すように、黄色いチューリップが咲く庭は、明るく弾むような春の雰囲気となりました。

Point

チューリップの開花中と花が終わったあと　ふたつのシーンの印象の違いを楽しめる風景に

① **カマシア** →p.140
星形の花弁が美しい、清楚な印象の球根花。カナダやアメリカが原産地です。まとめて植えても点在させても庭の表情が変わります。

② **チューリップ'ムスカデット'** →p.133
鮮やかな黄色のひと重で、茎が長い遅咲き。蓼科では5月上旬に開花します。品種名はフランス語でミュスカデという、グリーンがかった淡い黄色の白ワインから。

夏空に向かい、ハイビスカスに似た大きな花を咲かせるムクゲ。紫がかった青色が、やさしいピンクのシモツケとともに涼感を演出します。

ペールパープリッシュブルー
パステルピンク

やさしいピンクと涼やかなブルーの配色

ペールパープリッシュブルー、パステルピンク

やさしいピンクと涼やかなブルーの配色

pale purplish blue

pastel pink

Point

植栽した当時、珍しかったブルーのムクゲ花芯周りの赤紫色とシモツケの花色をつなげています

バラクラでは、お客さまをお迎えするエントランスの近くには、季節を象徴する植物を植えています。

春はチューリップなどの球根花が咲き、それらが終わるとアジサイやシモツケなどの低木(シュラブ)が育ち、初夏から夏に花を咲かせます。

ここに、数年前に植えたのが、ムクゲ'ブルーサテン'です。青という珍しい花色が、通る人の目を引きます。当時はブルーのムクゲが非常に珍しく、生産者から、ぜひ植えてほしいとすすめられたものです。小花が集まってふんわりと丸く咲くかわいらしいピンクのシモツケに、存在感のあるムクゲが加わると華やかで、涼感をもたらす効果もあります。

ムクゲは草丈が2m以上に成長します。これを想像し、植栽時には小さかった苗木を、ほかの植物より目立つ位置に植えました。ムクゲの花弁中央の赤紫色がシモツケの花色と、花全体の色は奥のアジサイと呼応し、調和を生み出しています。

① ムクゲ'ブルーサテン' →p.138

ムクゲのなかでも青系の花を咲かせる、数少ない品種のひとつ。花は1日花ですが秋まで次々と開花します。

② シモツケ →p.129

丸い粒状のつぼみが、はじけるように咲き進みます。花のない春や秋は、葉色の変化が楽しめます。白い花もあります。

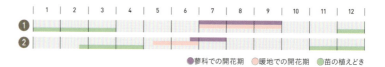

candy purple

salvia blue

soft pink

キャンディパープル、サルビアブルー、ソフトピンク

濃い紫色からピンクへリズミカルに色をつなげる

　ハーブを多く植えている夏の庭に置いたコンテナの風景です。細い茎に連なって花を咲かせるサルビアに丸いセンニチコウを合わせ、リズミカルに植栽しました。サルビアは、赤紫色の濃淡が目を引く品種と、落ち着いた青紫色の品種でグラデーションに。センニチコウのかわいらしいピンクが、目にやさしく、自然な印象をつくります。

1　サルビア 'ロックンロールディープパープル'　→p.141
エンジ色の茎に並ぶ深く濃い赤紫色のガクと、明るい赤紫色の花弁のグラデーションが個性的です。

2　センニチコウ 'ラブラブラブ'　→p.130
一般的なセンニチコウよりも枝分かれし、次々と花が咲くタイプです。色と丸い形が、風景に安定感とかわいらしさを与えます。

3　サルビア・ファリナセア 'ビクトリアブルー'　→p.139
ラベンダーに似た花姿で、紫に近い青色の花穂が美しい品種です。

ライムイエロー、ブリンクピンク

軽やかさのある暖色系の組み合わせ

　黄緑がかった淡い黄色のバイモは、光の加減によっては白花のようにも見え、繊細で変化に富んだ花です。

　中国原産で、球根が漢方にも使われるなど、バイモは日本でもなじみ深いフリチラリアのひとつ。私が大好きな花で、楚々としたイメージがあります。一方で、群生させると花の形や細い巻きひげの様子がリズミカルで、明るく楽しい印象の庭になります。この花が咲くと、他の春咲き球根の花も次々に咲きだし、庭のなかが賑やかに浮き立ちます。バイモの足元に、赤みの強いピンクのプルモナリアを合わせています。

　どちらも20年前にこの場所に植えました。プルモナリアは年月を重ねて株が育ち、それにつれて水玉模様のような斑入りの葉が大きくなり、花の数も増えました。植栽したばかりのころとは雰囲気が大きく変わり、時間の経過が美しい変化をもたらしました。

　このふたつは暖色系の組み合わせですが、ともに彩度が低く、バイモの花色が軽やかなので暑苦しい印象にはなりません。バイモの葉色と、プルモナリアの葉の斑のシルバーカラーがつながり、全体がまとまっています。

Point

プルモナリアのこっくりとした色を面で見せ 高い位置に配したバイモで軽やかな印象に

① **プルモナリア**
'ラズベリースプラッシュ'　→ p.130
熟したラズベリーのような紫がかったガクに、花は赤みの強いピンク。葉には美しい銀色の水玉模様のような斑が入っています。

② **バイモ**（別名バイモユリ）　→ p.135
ふんわりとした釣鐘状の花と、華奢な茎から伸びる細い葉が魅力。山野草のような雰囲気の花です。

チェリーピンク、ヨットブルー

小花で見せるビビッドな色同士の愛らしさ

　小道の脇の、ウッドフェンスを背景とした細長い花壇（ボーダーガーデンp.104）の5月上旬の風景です。

　青いブルネラが育つ場所でしたが、別の場所から飛んできたこぼれ種のレッドキャンピオンが芽吹き、鮮やかなピンクの花を咲かせるようになりました。その色彩が美しく、あえて自然のままにまかせています。

　ブルネラは、10年かけてここまでの大きさになりました。株が育つごとにハート形の葉も大きくなっています。イギリスでは雑草扱いのレッドキャンピオンは、ナデシコ科のシレネの1種。植えるつもりはなかったのですが、別の植物の苗に混じっていたようで、こぼれ種で増えていきました。花姿のかわいらしさは花壇やメドウ（p.105）によく合います。野に咲くような風情がありながら花の色は濃く、ブルネラの青い花色と釣り合いがとれます。

　このふたつの花が咲き終わると景色が変わります。背景のウッドフェンスにはこれから咲くバラ、レッドキャンピオンの前に生える尖った葉はアイリス、足元にはラムズイヤーを植えています。ブルネラの奥にはシャクヤクの葉が育ってきています。

Point

野に咲くようなピンクとブルーの小花をそれぞれ固まりで植えて色を楽しみます

① レッドキャンピオン → p.130
サクラソウに似た濃いピンクの花は、茎とともにハーブとしても使われます。群生させると艶やかです。

② ブルネラ（ブルンネラ） → p.139
ワスレナグサに似た青い小花を咲かせます。群生する様子には野趣があります。宿根草で丈夫な植物です。

ホワイティッシュグリーン
サボイブルー

明るく爽やかな夏の風を感じる色合い

ボール状の花房が大きくインパクトのあるアジサイ'アナベル'と、深いブルーのアジサイが目に鮮やかで涼しげな夏の風景です。

ホワイティッシュグリーン、サボイブルー

明るく爽やかな夏の風を感じる色合い

　小道にある花壇で、やや日陰の場所です。夏には淡い緑色から白へ花色が変化するアジサイ'アナベル'と、紫みを帯びた濃い青のアジサイ'エンドレスサマー'が咲き誇ります。

　もともとは'アナベル'だけを植えている場所でしたが、ある年に、花房が大きく似た花姿の'エンドレスサマー'が開発されたので植えたところ、美しいコントラストを見せてくれました。この品種は名前のとおり、夏の間中ずっと咲き続けます。

　レースのように繊細な小花が集まった、ふんわりとしたボール状の'アナベル'は人の顔ほどの大きさで、庭のフォーカルポイントとなります。ここに青が入ることで、'アナベル'の色がより引き立つようになりました。ともに丈夫で、その年に伸びた枝の先端(新梢)に次々と花を咲かせるため、長い期間、私たちの目を楽しませてくれます。

Point

白グリーンのインパクトのあるアジサイの隣に青いアジサイを添えて涼しげに

whitish green / savoy blue

① アジサイ'アナベル' → p.136
開花するにつれて、花は淡い緑色から白へと変化し、秋には落ち着いた緑色になります。冬に枝を短く剪定すると、翌年花がよく咲きます。

② アジサイ'エンドレスサマー' → p.138
夏の長い期間、花を咲かせるので、この名前がつけられました。'アナベル'同様に新梢に花を咲かせます。直径10〜15cmの花房が枝垂れるように咲きます。

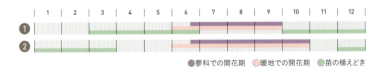

●tangerine orange

●mexican pink

sherbet blue

タンジェリンオレンジ、メキシカンピンク、シャーベットブルー

元気をくれる暖色に清涼な淡いブルー

　夏から秋にかけてやや日陰になる場所を、オレンジ色のヘリオプシスが彩る風景です。植えたのは、褐色がかった色みで、大人っぽく上品な雰囲気が魅力の品種。ここに赤に近いピンクのモナルダを合わせ、印象を明るくしました。黒みを帯びたヘリオプシスの葉と茎の色の効果で、花色が浮きあがって見えます。チコリの淡い青がアクセントです。

1 モナルダ → p.130
こぼれ種からあちらこちらに咲き出す、繁殖力旺盛な花です。

2 ヘリオプシス'ブリーディングハーツ' → p.132
アンティーク調の色みが夏から秋の花壇をおしゃれに演出。チューリップが終わったあとに苗を植えます。

3 チコリ → p.138
初夏に薄青色の花をつけるハーブ。柔らかい色がオレンジ色とピンクの花を引き立てます。

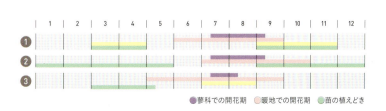

- purplish black
- sun orange
- brilliant yellow
- rose pink
- milky white

Point

チューリップは種類を混ぜてランダムに植えミックスカラーで周囲を明るく彩ります

パープリッシュブラック、サンオレンジ、ブリリアントイエロー、ローズピンク、ミルキーホワイト

気持ちが明るくなるミックスカラー

　チューリップはひとつの色を固まりで植えることが多いですが、あえていろいろな種類をミックスして「咲いてみなければわからない」配色を楽しみました。庭の奥の木々が生い茂り、少し暗い場所を明るく見せたいと、10年前からたくさんの品種をミックスしています。

　ここでは、チューリップの球根を無造作に選んで植栽します。新緑が芽吹く前、一面に広がるカラフルな群生は、見る人の心を明るくしてくれます。

　毎年、同じ時期に咲く球根花のスノーフレークの白が、愛らしく思わぬ効果となりました。スノーフレークは植えっぱなしで、毎年増えていきます。一方、チューリップは毎年秋に球根を植えています。これは、コンテナガーデンでも楽しめる方法です。

1. **チューリップ 'クイーンオブナイト'** →p.141
ひと重の遅咲き品種。「夜の女王」という名がぴったりの花色と光沢のある花弁が特徴。

2. **チューリップ 'サネ'** →p.130
ユリ咲きの品種。白く縁取られたピンクの花弁を持っています。

3. **チューリップ 'ムスカデット'** →p.133
はっきりとした黄色のひと重で、遅咲きの品種。花が大きく存在感があります。

4. **チューリップ 'バレリーナ'** →p.132
ユリ咲きのチューリップの代表的な品種。太陽にあたると尖った花びらが全開し、閉じているときと大きく印象が変わります。

5. **スノーフレーク** →p.137
チューリップを逆さにしたような花の形が楽しい球根花。白の花色はカラフルな配色の花を引き立てます。

● 蓼科での開花期 　● 暖地での開花期 　● 球根の植えどき

＊チューリップは品種問わずまとめています。

アプリコットオレンジ、ホワイト、モーブパープル

apricot orange / white / mauve purple

インパクトのあるオレンジ色の濃淡を中和する

　バラクラでは毎年5月にダリアの球根を植え、秋に艶やかな花が楽しめるようにしています。

　ここでは、オレンジ色の巨大輪'ベンヒューストン'をメインに植えました。赤みを帯びたオレンジ色で、インパクトのある'ベンヒューストン'が主張しすぎないよう、また、オレンジ色ばかりでは変化がないので、白いダリアを入れました。

　ダリアは背が高く、下の方には花が咲きません。そこで、暗くなりがちな足元にはアスターを植えて土を隠し、ダリアとの間に色がつながるルドベキアを植えています。

Point　高い位置にはオレンジ色のダリアを　足元はアスターの紫色で土をカバーしています

1. **ルドベキア** 'タカオ' → p.132
アスターと同様の役割で、ダリアのオレンジ色と同系色の黄色が明るさを補います。宿根草です。

2. **ダリア** 'ブルックサイドスノーボール' → p.137
「雪玉」という名の通り、白く丸い品種です。'ベンヒューストン'と異なる形で、リズムをつけます。

3. **宿根アスター** → p.140
ダリアの足元にボリュームと色みを補う宿根草です。濃い青紫色の花が落ち着きを与えます。

4. **ダリア** 'ベンヒューストン' → p.132
花弁が波打つように外側に反り返った華やかな巨大輪の品種です。圧倒的な存在感と動きがあります。

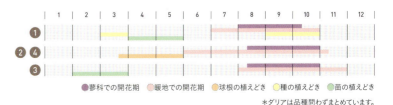

*ダリアは品種問わずまとめています。

ダリアの小道の秋の風景です。深く濃い赤とオレンジ色の花がリズミカルに咲き誇り、霜が降りるまで庭を彩ります。

ダークレッド サンセットオレンジ

暖色系の濃淡をリズミカルに

ダークレッド、サンセットオレンジ

暖色系の濃淡をリズミカルに

　品種のバリエーションが豊富なダリアの花は、赤やオレンジ色、黄色、ピンクなどの暖色系がほとんどです。これらをどうミックスするかで、同じ色の組み合わせでも印象は変化します。

　ここは小道の両脇に続く細長いエリアで、春にはチューリップが咲き、秋はダリアガーデンとなります。中輪から大輪のダリアを植えていて、色みは年によって変わります。

　この年は'クライスラー'など深い赤の品種を中心に、赤みの強いオレンジ色のダリアを添えました。ダークレッドの花は赤のなかでも静かな雰囲気を持ち、場合によっては暗い印象になることも。そこでオレンジ色を加え、リズムと軽やかさを出しました。

　赤とオレンジ色のダリアがランダムに混じることで、自然に咲くような変化のある風景となりました。

Point

深みのある赤いダリアと同じ大きさのオレンジ色の組み合わせで秋らしい風景に

① ダリア'クライスラー' → p.131
深い色みがシックで大人っぽい雰囲気のセミカクタス咲き。やさしい色のなかにポイントとして混ぜても効果的です。

② ダリア'アフターヌーン・ティー' → p.132
やさしい雰囲気のオレンジ色の大輪で、開くと花芯が黄色になります。ダリア導入時に植えた品種です。

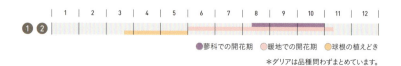

*ダリアは品種問わずまとめています。

- salvia blue
- aqua blue
- canary yellow
- coral orange

サルビアブルー、アクアブルー、カナリーイエロー、コーラルオレンジ

コンテナの青銅色をフォーカルポイントに

　フォーカルポイントとして青銅色のコンテナを置き、ここから色をつなげて夏は涼しげな植物を植えています。

　青紫色のサルビアや空色のデルフィニウムなど青系の花に、補色であるイブニングプリムローズの黄色を対比させ、青を引き立てました。奥のコンテナに咲くインパチェンスのオレンジ色が、偶然のアクセントとなり華やかです。

① イブニングプリムローズ
北米原産の2年草で日本原産のマツヨイグサと同属です。耐寒性があり、乾燥にも強い植物です。

② デルフィニウム　ジャイアント系　→p.139
透明感のあるブルー系の品種が豊富で、夏の庭を涼しげに彩ります。八重咲きでまっすぐに伸びるタイプ。

③ インパチェンス
初夏から秋まで咲く1年草。春のパンジーが咲き終わるころに植え替えます。

④ サルビア・ファリナセア'ビクトリアブルー'　→p.139
夏の暑さに強い品種。ブルーサルビアと呼ばれることもあります。

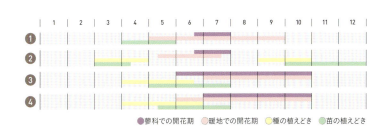

ソフトピンク
ウルトラピンク

グリーンに映えるピンクのグラデーション

秋の柔らかい日差しのなか、グリーンの芝生を背景に風に揺れるセンニチコウ。花色のグラデーションが、目にやさしく映ります。

ソフトピンク、ウルトラピンク

グリーンに映えるピンクのグラデーション

soft pink

ultra pink

Point

高さを揃えたまんまるの形がかわいい花姿
緑色の芝生によく映えます

　ドライフラワーのような乾いた質感と丸い花形のセンニチコウ。さまざまな品種が出回り、カラーバリエーションが豊富です。まんまるの愛らしい花姿は庭の表情を豊かにしてくれます。

　そのセンニチコウのなかから、たまたま'ラブラブラブ'というピンクの品種を見つけました。この花を、芝生の広場の一角に帯状に植えたら美しいだろうと考えた風景です。1色では単調になるので、'ラブラブラブ'より1段濃い、赤紫がかったピンクのセンニチコウ'バディー'をランダムに混ぜました。こうすることで奥行きと立体感が生まれ、野原に自然に咲いている印象になります。

　茎が細長く葉の量も少ないため、草丈を揃えると花が面として見え、色のグラデーションが際立ちます。芝生の緑色も、背景としてセンニチコウを引き立てています。センニチコウのピンクに心がうきうきする風景です。

① センニチコウ 'ラブラブラブ' → p.130
次々と枝分かれしてたくさんの花を咲かせる品種。蓼科では6月に苗を植え、10月まで楽しめます。

② センニチコウ 'バディー'
赤紫に近いピンクで、'ラブラブラブ'の間にランダムに混ぜて植えアクセントとし、立体感を出しています。'バディー'は草丈が低いコンパクトなタイプです。

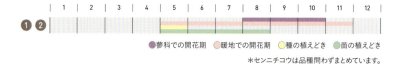

＊センニチコウは品種問わずまとめています。

ピンクレース、キューピッドピンク、ホワイト

甘いソフトクリームのようなやさしい色合い

pink lace

cupid pink

white

　生育力旺盛な蔓バラがアーチやオベリスクを覆い、華やかな初夏です。伝いこぼれるように蔓バラが咲く風景は、イングリッシュガーデンを明るく彩ります。

　ピンクの濃淡と白の配色で、ソフトクリームを連想させる甘いイメージとなりました。3種類の蔓バラは「ランブラー」という系統で、冷涼な蓼科の気候でもよく育ちます。手前の白いポテンティラも風景と呼応しています。

1　バラ'ポールズ・ヒマラヤン・ムスク'

小さな花弁が重なり、色は淡いピンクでサクラのような印象の蔓バラ。ムスク系の甘い香りが特徴です。

2　ポテンティラ

初夏にウメの花に似た端正な白い小花を次々と咲かせます。バラ科の植物なので、蔓バラと合います。

3　バラ'ランブリング・レクター' →p.136

楚々とした花が幾重にも重なると、白い霞のようなスケール感が出ます。野バラのような爽やかな香りです。

4　バラ'ブラッシュ・ランブラー' →p.128

ピンクの小さな花が房状に咲きます。咲き進むと白に変わり、美しいグラデーションを見せてくれます。

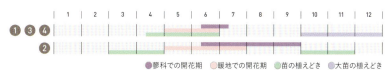

●蓼科での開花期　●暖地での開花期　●苗の植えどき　●大苗の植えどき

＊バラは品種問わずまとめています。

パウダーピンク、ブライトイエロー

明るく、愛らしい春の訪れを告げる

powder pink

bright yellow

Point

淡い色のコブシが視線を誘います　足元に春の訪れを象徴する色を配置し

　30年前に植えたシデコブシは蓼科では4月に開花し、10日間ほど花を咲かせます。花は、つぼみのときは濃いピンクで、開花するにつれて白みがかった淡いピンクとなります。

　シデコブシは日本原産で、コブシの仲間。冬の間、つぼみを包んでいたビロードのような苞（ほう）が落ち、この花が咲きはじめると、蓼科に春が訪れます。細く繊細な花弁が星のように咲く姿はとても魅力的です。遠くから見ても存在感があります。

　シデコブシのピンクのグラデーションだけでも絵になるところへ、足元に黄色いチューリップを植えたことにより、春らしさが増しました。チューリップはひと重咲きの品種を選び、シデコブシを引き立てるように植えています。ピンクと黄色は相性がよく、なにより春らしい色合わせで、見る人を楽しい気分にさせます。

　シデコブシの花が終わったあともチューリップは咲き続け、新芽が出るまでの風景を明るく彩ります。

① **シデコブシ** →p.128
「星のような」という意味の学名をもちます。細長い花弁が集まった様子が星を思わせます。

② **チューリップ**
シデコブシが春を告げる花であることから、春の訪れを最初に告げる色、黄色の品種を選んでいます。

opera pink

light raisin black

オペラピンク、ライトレーズンブラック

インパクトのある色を組み合わせて印象的に

Point

狭い場所を引き立てるように神秘的な色のコントラストに

　ウッドフェンスの前にある幅の狭い花壇では、植えるスペースが限られているため、育てる植物を選びます。

　数年前からは、黒色のフリチラリア・ペルシカを植えています。ペルシカという種名のとおり、ペルシャ帝国のあった西アジアが原産地の球根花です。花が先端まで次々と咲くため、花の見ごろが長いことが特徴。葉と茎の色が銀色で、花のダークな色とのバランスがシックで印象的です。

　フリチラリア・ペルシカの球根は何年も植えたままですが、なかなか気難しい性質のため、花が咲く年と咲かない年があります。そのため、毎年秋にチューリップも一緒に植えて華やぎをもたらすようにしています。

　このときは華やかなピンクの'プリティラブ'を合わせました。フリチラリアの神秘的な色合いが効果的なアクセントになり、人の目を引きます。チューリップの色を変えると、また違った趣となります。

① **チューリップ** 'プリティラブ' →p.130
ユリ咲きで華やかな品種。ダークな色のフリチラリアと合わせることで神秘的な表情が出せます。

② **フリチラリア・ペルシカ** →p.141
秋植え球根です。草丈が100cm近くになり、春にはひと茎に20輪ほどの花を咲かせます。目立たないようでいて主張が強い花色です。

Column

色合わせから考える植物選び

美しい庭につながる
色合わせの
基本の3つを紹介します

1

色を拾う

隣り合う植物は同系色を選ぶと失敗が少ないものです。同系色ではない場合は、先に選んだ植物の花色の一部や葉や茎などの色を拾い、どこかが同じ色の植物を選ぶことです。同じ色が入ることで、落ち着いた色合わせになります。

　庭づくりで大切な要素である色は、庭の雰囲気をさまざまに変化させることができます。色はもっともパーソナルな感覚で選ぶものです。そこで、庭での色選びには気にかける点が3つあります。

　ひとつめは「花色だけではなく、葉の色も考えること」。緑色に限らず、チョコレートカラーやシルバーカラー、白や黄色の斑が入ったものなど、いろいろな葉を持つ植物があります。葉に色があることで、花がない時期も楽しめます。

　ふたつめは「日差しとの関係」です。日がよくあたる場所では色は鮮やかに見え、日が陰る場所では色は沈んで見えます。そのため、日陰では寒色や彩度を落とした色が暖色系よりも映えます。

　最後は「空間の広さとのバランス」です。狭い空間にいくつもの色が入ると、まとまりのない印象になります。思い切って色を絞って、配色を考えましょう。

　色合わせは「カラースキーム（配色計画）」ともいいます。実際に取り入れやすい例を3つ紹介します。

チューリップ'ライラックワンダー'❷の花芯の色に、右のチューリップ❶の花色を合わせています。

2
反対色

　色を目立たせたいとき、強調したいときには、反対色の色合わせがおすすめです。反対色は補色ともいい、強く印象に残ります。代表的な色合わせの例としては、黄色やオレンジ色に対しては紫色や青色、ピンクには緑色や黄緑色です。

3
葉色を効果的に

　葉を、花色を選ぶように意識して選びます。葉色とともに、葉の形や質感も選ぶと、色合わせの可能性は広がります。黄緑色やシルバーグリーンは明るさをもたらし、黒や茶などのダークカラーはアクセントとして使えます。

ユーフォルビア❷のオレンジ色とカマシア❶の紫色は補色の関係です。鮮やかな色合わせ。

白いチューリップ❶の周りにシルバーグリーンのラムズイヤー❷を合わせています。

Yellow & Orange

52

レモンイエロー
コーラルオレンジ
ホワイト

形をリピートしたオレンジ色がアクセント

白と黄色、2色のエレムルスが、初夏の緑を背景とした空間のなかにスッと伸び、ライムグリーンの光に包まれているような風景です。

lemon yellow

coral orange

white

レモンイエロー、コーラルオレンジ、ホワイト

形をリピートしたオレンジ色がアクセント

　長い花穂が特徴的なエレムルス2種が咲く、6月の風景です。エレムルスは黄色いブンゲイと、白のロブスタスです。足元にはエレムルスと花姿の似た、オレンジ色のジギタリス'イルミネーションフレイム'を植えています。

　エレムルスは、高さ1.5m近くに成長しますが、今回は苗の生育状態により品種で高低差が生まれました。小さな花が下から上へと次々と咲いていく、その過程の色のグラデーションが絵になります。

　ジギタリスの足元には、これから咲くバラが植えてあります。バラは垂直に上へと伸びる植物と相性がよいのです。バラを固まりと考え、直立する植物を合わせることは、バーチカル(直立)とホリゾンタリス(水平)というイングリッシュガーデンでよく使われる手法です。

Point

高低差がついた2種類のエレムルス スッと伸びる花姿が庭をダイナミックに

① エレムルス・ロブスタス → p.136

小さな白い花が次々と開花します。開花期間は3〜4週間と長く、同時期に咲く他の球根花とも好相性です。

② ジギタリス'イルミネーションフレイム' → p.132

長い花穂にベル状の花が咲きます。花はアプリコットのようなオレンジ色で、花弁の縁は赤みが強くなります。

③ エレムルス・ブンゲイ

黄色い花を咲かせます。緑色のつぼみから花が色づいていく過程も見どころです。

＊エレムルスは品種問わずまとめています。

ゴールデンイエロー、ホワイト

青い空を背景にした色映えを想定

golden yellow

white

　秋に黄金色に色づき、見事な黄葉を見せる樹齢30年のゴールデンアカシア。澄んだ青空とのコントラストは美しく、これを白いルシアンバインが引き立てる9月の風景です。白いビーズをつなげたように垂れ下がり咲く、蔓性のルシアンバインは、家壁に這わせることで、雪が降ったような景色になります。暖地では夏、蓼科では晩夏から初秋の花です。

1　ゴールデンアカシア（ニセアカシア'フリーシア'）　→ p.134

花よりも葉が美しく、新芽が出る春から、黄葉する秋まで見ごろ。バラクラのシンボルツリーです。

2　ルシアンバイン（ナツユキカズラ）　→ p.136

イギリスでは「マイル・ア・ミニット」（1分で1マイル）と呼ばれるほど、生育力が旺盛な花です。

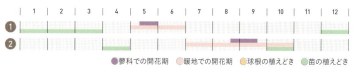

canary yellow

dark red

Point

シックな色のクリスマスローズと春色のスイセンが互いに引き立て合います

カナリーイエロー、ダークレッド

ダークな色調に明るい黄色をプラスして

　毎年、春になるとダークレッドのクリスマスローズが咲いている場所があります。通る人の目を楽しませてくれる春らしい色みの花を追加したいと思い、黄色いスイセンを植えてみました。

　選んだのは'ピピット'という品種です。1本の茎の先端に花が2、3輪咲くかわいらしい姿が魅力。

　クリスマスローズは、冬が長い蓼科には嬉しい植物です。この品種はドイツで生まれた'氷の薔薇レッド'です。ダークレッドの花色で長い期間咲いてくれるため、このシーズンには貴重な存在です。なかでもこの'氷の薔薇'シリーズはひと株に咲く花数が多い品種です。宿根草なので、株が育つとともに花数も増えていきます。

　ダークな色調のクリスマスローズがスイセンの黄色を引き立てます。一方、スイセンの色の効果で、クリスマスローズも目を引くようになりました。スイセンの球根は毎年、秋に植え足します。ふたつの花の共演は、暖地なら3月下旬ごろに実現できる風景です。

1 **スイセン**'ピピット' →p.134
明るいイエローの花色で香りが爽やか。咲き進むにつれて花弁の中心が白くなり、印象が変わります。

2 **クリスマスローズ**'氷の薔薇レッド' →p.131
シックな花色。宿根草で年ごとに株が大きくなり、ひと株に50輪もの花を咲かせる品種です。

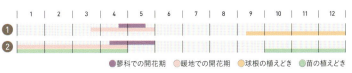

- sun orange
- chrome orange
- spring green
- chocolate

サンオレンジ、クロムオレンジ、スプリンググリーン、チョコレート

オレンジ色の濃淡に柔らかいグリーンを合わせて

早春に黄色のカタクリが咲き、晩春からにオレンジ色のユーフォルビアが咲く場所です。

ここに、春の花として植えたのがチューリップです。エンジがかったオレンジ色のユーフォルビアに合わせて、オレンジ色の品種'バレリーナ'を選びました。このふたつだと強い色みになるところ、足元は黄金フウチソウを植えて全体の印象をやわらげ、動きをプラスしています。

チューリップと黄金フウチソウの間にはアスチルベ'チョコレートショーグン'の葉が顔を出します。深い色がアクセントになっています。

Point

フォルムの異なるオレンジ色の花を面で見せ足元に流れるグリーンで動きを出します

① **チューリップ** 'バレリーナ' →p.132

チューリップのなかでは香りのある珍しい品種。遅咲きの品種で草丈は中程度です。

② **ユーフォルビア** 'ファイヤーグロー' →p.132

花色だけでなく、エンジ色の茎も魅力的でモダンな印象です。花後も茎の色が庭のアクセントになります。

③ **黄金フウチソウ** →p.134

柔らかい黄緑色の流れるグリーン。草丈のある花とは違ったフォルムと色が、風景に動きを与えます。

④ **アスチルベ** 'チョコレートショーグン'

日本で見つかったトリアシショウマの園芸種で、海外でも人気がある品種。春から秋まで続く深い赤色の葉が特徴。

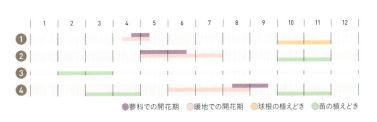

クロムオレンジ、ライトパープル、ジェードグリーン

chrome orange

light purple

jade green

オレンジ色×緑色に紫をプラスして調和を取る

レンガの壁が近くにある花壇では、その色を考慮して花を選んでいます。

イギリスをはじめヨーロッパで人気のあるギボウシ。日本にルーツがある植物です。バラクラではたくさんの種類を植えています。この花壇にはギボウシ'ハルシオン'をひと株植えました。大きく育ち、波打つような葉脈が効果的です。蓼科では5〜9月まで、美しい葉色を見せてくれます。

ギボウシの葉の間からは鮮やかな花色のユーフォルビア'ファイヤーグロー'が立ち上がっています。エンジ色の茎と、スモーキーグリーンの葉色の効果で、花咲く空間全体がオレンジ色に染まったようになりました。

一方、ギボウシの葉色に合うパープルのアリウムが風景に溶け込んでいます。面の葉と、ぽんぽんと飛び出すように咲くボール状の花が、空間全体に立体感と奥行きを与えています。アリウムの花色は、ユーフォルビアのオレンジ色と補色であり、華やぎをもたらします。

Point

ボール状の花と面の葉の間にオレンジ色を配し風景にインパクトと立体感を与えます

① **ユーフォルビア**'ファイヤーグロー' → p.132
オレンジ色の花だけでなく、シックな色みの茎と葉も魅力的。存在感のある華やかさで人の目を引きつけます。

② **アリウム・ギガンチウム**'パープルセンセーション' → p.140
イングリッシュガーデンで好んで使われ、アクセントになる花。宿根草扱いですが、毎年秋に植え足します。

③ **ギボウシ**'ハルシオン' → p.135
グレーがかった青緑色の大葉タイプ。広い面の葉が独特の景観をもたらします。夏に咲く花は白に近い薄紫色。

● 蓼科での開花期　● 暖地での開花期　● 球根の植えどき　● 苗の植えどき

サファイアブルー
ストロングパープル

ブルーの同系色でまとめる

落葉樹の林のなかに現れる、芳しい香りのヒヤシンスとチューリップの群生。青色と赤紫色の艶やかな色彩が、目にも鮮やかです。

sapphire blue

strong purple

サファイアブルー、ストロングパープル

ブルーの同系色でまとめる

Point

青という色を基調に差し色で静けさのなかに明るい印象を

青を基調とした花を植えるブルーガーデン。この庭の4月下旬の風景です。

香りが魅力の春の球根花、ヒヤシンスのなかから濃い青の品種'ブルーパール'を選びました。色のボリュームを出しやすいヒヤシンスは1色をまとめて植え、ほかの花で色を足すと庭が印象的になります。ここでは、全体を青系の植栽でまとめています。チューリップの間に見えるもう1種のヒヤシンスは、前シーズンに植えた球根から咲いてきたもの。この花のおかげでブルーの割合が増えました。赤紫色のチューリップをランダムに配置してアクセントにしているため、立体的で変化に富んだ風景になりました。

ブルーの同系色でまとめているため調和が取れます。さらにチューリップが赤みの強い色みであることから、印象は華やかですが、心落ち着く配色になりました。

① **チューリップ** 'パープルフラッグ'　　→ p.141

紫系のなかでも赤みがある品種。ひと重の早咲きと遅咲きの品種から生まれたトライアンフ系。暖地では4月中旬に咲きます。草丈は短めです。

② **ヒヤシンス** 'ブルーパール'　　→ p.139

フレッシュでスパイシーな香りがあります。紫がかった青色の花が密に並び、穂状に咲く姿は豪華な印象です。

③ **ヒヤシンス** 'ブルーダイヤモンド'　　→ p.139

'ブルーパール'より中心部がわずかに淡い花色。写真の花は球根を植えてから2年目のため、本来の姿より小型で細い。

●蓼科での開花期　●暖地での開花期　●球根の植えどき

＊ヒヤシンスは品種問わずまとめています。

● fuchsia purple
● pale purple
● pale lilac

フューシャパープル、ペールパープル、ペールライラック

キャンディボックスのような楽しい組み合わせ

　夏にフロックスが華やかに咲く場所です。色は青みを帯びた赤紫から淡い紫へとグラデーションでつなげ、かわいらしい雰囲気になりました。

　花色が豊富なフロックスのなかからこの色みを選んだのは、もともと設置してあったブルーの椅子との調和を考えたからです。甘い花色のなかで、クールな青がアクセントになっています。

1 フロックス

蓼科では7月末から8月にかけて開花。これは草丈が約1mに成長する品種で、綿飴に似たような花姿が特徴です。ここでは宿根タイプの3色を植えています。

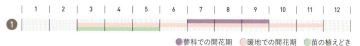

■ 蓼科での開花期　■ 暖地での開花期　● 苗の植えどき

○ strong purple

○ smalt blue

Point

足元に配置したパンジーの色をポイントに主役のチューリップを際立たせます

ストロングパープル、スマルトブルー

深い青紫から赤紫へと色を飛ばす

　赤紫色のチューリップ'パープルフラッグ'が主役の庭です。足元に鮮やかなブルーのパンジー'トゥルーブルー'を植えました。華やいだ青色をポイントにしています。

　一緒に植えているパンジー'トゥルーブルー'は日本では手に入りにくいのです。しかし、この花のこの青でなければと思い、イギリスの種苗会社から種を取り寄せています。毎年種から、苗を育てて植えています。

　パンジーに対して垂直に伸びるチューリップの茎と、鮮やかな色が立体的な風景をつくり出します。同系色の配色であるため、遠くから見ると調和が取れていますが、近くで見ると、ふたつの花の色と形のコントラストが楽しめ、印象が変わります。

　青みがかったチューリップの足元を覆うようにパンジーが咲き、心静まる色合いのハーモニーが生まれました。パンジーの苗は、蓼科では3月末から4月上旬の雪解け後に植えています。

① チューリップ 'パープルフラッグ' →p.141

赤みを帯びた紫の花色。ピンク系の花とも、青系の花とも相性がよく、華やかさがあります。

② パンジー 'トゥルーブルー' →p.139

大輪で紫がかった深い青色が鮮やか。蓼科では冬の終わりの雪解け後に植えます。暖地なら11月下旬にチューリップと同時に植え込むとよいでしょう。

オフホワイト、ライムイエロー

白から淡い黄色のグラデーション

雪のように白い花弁を持つスイセンの群生は、明るく軽快な春の訪れを感じさせます。山野草のようなバイモの淡い黄色とともに。

off white

lime yellow

Point

花姿にはっきりとした個性があるスイセンと楚々としたバイモで清々しい景色が生まれました

オフホワイト、ライムイエロー

白から淡い黄色のグラデーション

　芝生の間にスイセンが咲く4月下旬の風景です。

　スイセンはさまざまな品種を混ぜて見せる方法もありますが、ここでは'ルーレット'1種類だけを植えました。純白の花弁と、黄色にオレンジ色の縁取りがある中央の副花冠とのコントラストが軽快な印象です。とくに、副花冠の先端を縁取る濃い色が魅力的な品種です。

　スイセンには、緑がかった淡い黄色のバイモを合わせて、穏やかな色のグラデーションでやさしい雰囲気に構成。スイセンは毎年秋に球根を植え足していますが、バイモは植えっぱなしで自然に増えていきます。

　バイモは一見、地味な花ですが、群生させるとその楚々とした愛らしい個性が際立ちます。合わせるスイセンが黄色1色ではバイモが負けてしまいますが、選んだ品種の花弁は白。かつポイントとなる副花冠が色をつなげてくれるため、印象的になりました。バイモのくるくるとした巻きひげが愛らしく調和しています。

① **スイセン** 'ルーレット'　→p.136

純白の花弁と、オレンジ色の縁取りがある黄色い副花冠が美しい品種です。

② **バイモ**（別名 バイモユリ）　→p.135

茎に花が縦に並び、うつむいて咲く姿が独特です。細い巻きひげも特徴的です。

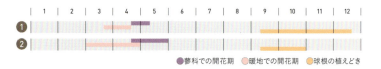

フォレストグリーン、リーフグリーン

forest green

leaf green

目に穏やかで静かな緑色の世界

　葉の形や造形がおもしろい植物をアーキテクチャルプランツといいます。アーキテクチャルとは「建築上の」という意味。庭にアーキテクチャルプランツがあると、印象が強くなります。個性的なフォルムのシダはまさにアーキテクチャルプランツです。蓼科の山の寒さに強く、大きく成長しているシダに合わせて、形や質感、色の異なる緑色の植物でまとめた庭です。地面に近い場所にはいくつものギボウシ、高い位置にはヤシオツツジを植えています。

1 シダ
このシダは、飛んできた胞子から自然に育ちました。半日陰や日陰が合い、佇まいは庭に変化をもたらします。

2 ギボウシ
大きな葉と美しい葉脈が庭のアクセントの宿根草。品種によって葉色のトーンが異なり、斑入りもあります。

3 ヤシオツツジ
花色は白や紫色などがありますが、これはピンクの花を咲かせます。バラクラでは、植えて2年目です。

ミルキーホワイト

milky white

上品でやさしい白のコンビネーション

Point

花後のシュウメイギクの綿毛も枯れた風景のなかで花色として溶け込んでいます

　レースガーデンと呼んでいる庭は、花壇の形がレースモチーフのようになっています。レース模様から連想し、白い花や葉の植物を植えているので、季節ごとにさまざまな白い花がこの場をつないでいきます。

　秋には白い宿根アスターが咲き、ここにシュウメイギク'オノリーヌジョベール'を加えました。スッと伸びる茎がアスターとは異なり、大輪のひと重の花弁がコントラストを強めています。

　中国原産のシュウメイギクは、古くから日本に定着している花のひとつです。名前にキクが入っていますが、アネモネやラナンキュラスの仲間です。そのため、ヨーロッパでは「ジャパニーズアネモネ」という名で知られています。楚々とした佇まいは、秋の庭を愛らしく見せます。

　シュウメイギクは晩秋に花が終わるとモコモコとした綿毛になり、周囲の枯れ色のなかで白色が目を引きつけます。まるで花のような綿毛が、枯れた庭を魅力的に見せます。

1　シュウメイギク
'オノリーヌジョベール'　→p.137

キクに似た花をつけることから名づけられ、花後の綿毛の美しさも魅力。蓼科では9月中旬に開花します。

2　宿根アスター 'シロクジャク'

枝分かれした茎の先にたくさんの小花を咲かせ、清楚な印象。風にそよぐ姿が美しい品種です。

●蓼科での開花期　●暖地での開花期　●苗の植えどき

ベビーホワイト、スノーホワイト

雰囲気の異なる繊細な白同士の組み合わせ

baby white

snow white

Point

長く伸びるアガパンサスの足元に
ユーフォルビアの細かい白を配して爽やかに

　長い茎の先に白い小花を咲かせるこのアガパンサスは、コンテナに植えています。これは寒さの厳しい蓼科では冬の間はアガパンサスを室内に入れるため、移動のしやすさを考慮した結果です。

　アガパンサスは暑さと乾燥に強い球根花です。暖地では植えっぱなしで問題ありません。一方、寒さには強くないので、厳寒地ではコンテナに植え、冬は室内に入れるのです。

　初夏から夏にかけては庭で楽しむため、足元に星屑のように白く繊細な花を次々と咲かせるユーフォルビア'ダイヤモンドフロスト'を合わせました。ユーフォルビアは切り花でいえば、メインの花を引きたてるカスミソウのような存在。ここではアガパンサスを引き立てつつ、爽やかな雰囲気づくりにひと役買っています。この品種も5℃程度の耐寒性のため、アガパンサス同様に冬越しは室内です。

　さらにアガパンサスの細く尖った葉が、風景に主張と力強さを与えています。

① アガパンサス →p.138

南アフリカ原産。暖地ではより花が大きく開くため、ユーフォルビアとの組み合わせも違った趣になります。

② ユーフォルビア
'ダイヤモンドフロスト' →p.138

花弁のように見える部分は苞です。どんな花とも相性がよく、寄せ植えの名脇役として活躍します。

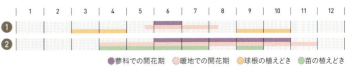

紫黒色のチューリップが一面に咲く風景は神秘的で、通る人の足を止めます。光の向きや時刻によって変わる表情は、見ていても飽きません。

Black

パープリッシュブラック

周囲のグリーンが紫黒色を引き立てる

purplish black

パープリッシュブラック

周囲のグリーンが紫黒色を引き立てる

　紫がかった黒いチューリップ'クイーンオブナイト'が群生する、5月の風景です。もとは芝生の庭だった場所に「黒い花のチューリップが咲く草原をつくろう」と思い、毎年植えています。

　蓼科で、黒いチューリップが咲き出すのは5月の連休後で、足元の芝生が伸び、地面が草で覆われたころです。同時に背景の木々の新緑が芽吹くため、足元と背景の緑色が、チューリップの紫黒色を引き立てます。

　毎年秋に、この風景のために約2000球の球根を植えますが、花が終わっても掘り上げることはしません。枯れた茎や葉もしばらく放置しておきます。同じころ、足元の芝生が立ち上がってきて、それらを隠してくれます。植えるときは球根を転がすようにばら撒いてから、深めに植えています。等間隔に並ばないようにすることが重要です。ランダムな植え方が、より自然な光景をつくるのです。

　30年以上続く、この春景色はとても人気があります。この風景を見たくて、わざわざバラクラに足を運ぶ人がいるほど。なかでも、夕陽に照らされて、花弁が黒々と光り輝くさまは格別です。その姿は、品種名の「夜の女王」という名のとおり、魅力的なシーンになっています。

Point

シックな色のチューリップ1種のみをランダムに植え印象的かつ自然な雰囲気に

1 チューリップ 'クイーンオブナイト' → p.141

黒いチューリップのなかでも定番のひと重咲き。一般的な春の華やかさとは違ったシックな風景をつくってくれます。

ライトレーズンブラック、クロムオレンジ

light raisin black

chrome orange

黒とオレンジ色でエキゾチックに

　黒花のフリチラリア・ペルシカは単体で植えてもインパクトがあります。一方、組み合わせる植物によってさまざまに表情を変える点も魅力です。

　ここではオレンジ色のユーフォルビア'ファイヤーグロー'を合わせたら、エキゾチックかつモダンな印象になりました。個性的な花同士ですが、ともに色みにスモーキーなニュアンスがあるため、奇抜にはなりません。

1　**フリチラリア・ペルシカ**　→p.141
p.48のようにチューリップと合わせると、神秘的な色みが効果的なアクセントになります。

2　**ユーフォルビア** 'ファイヤーグロー'　→p.132
存在感のある華やかなオレンジ色の花と、エンジ色の茎、スモーキーな葉色がエキゾチックな印象です。

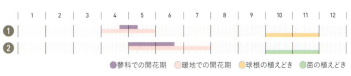

Column

面で色を見せる

量と植え方で色を見せます
美しい風景をつくるための
ひとつの手法です

1
樹下花壇

芝生のなかに立つ木の足元に1年草ばかりを密に植えることで、木の根元に色の面が生まれ、目に留まる景色になります。合わせる1年草は樹皮や葉色に合わせて選び、季節ごとに植え替えています。

　庭づくりとは、ただ植物を育て愛でるだけでなく、「美しい風景をつくること」。そう思い続け、35年間イングリッシュガーデンを手がけてきました。美しい風景に、色は大切な要素のひとつです。

　緑の木々のなかにパッと広がる鮮やかな色。それが心の琴線に触れるのです。植物の花色をより効果的に生かすために、同じ色の花をグルーピングして色の面をつくるようにしています。そのためには、なにより量と植え方がポイントになります。

　球根花なら同じ色もしくは同じ品種の球根を数多く植えると効果的です。チューリップやスイセンなどは50cm四方あたり30球くらい植えると、かなり見応えのある景色になります。宿根草や1年草なども説明書の表記の株間よりも密に植えると見映えがします。クレマチスのように壁面やトレリスに這わせる場合は、ある程度の量を密に植えましょう。

　これくらいで十分と思っても、壁面を花で埋めつくすには、思った以上に量が必要になります。ここでは色を面で見せるために、私が取り入れている3つの方法を紹介します。

シナヤマボウシ'ウルフアイ' ❶ の下に淡いピンクのガーデンシクラメン ❷ を密に植えています。

2
芝生の間に小花を

　この手法はイギリスでよく見かける風景です。量と密度がポイントです。イングリッシュデージーやオーニソガラム、オータムクロッカスなどの小花が、芝生の間から密に咲く姿は緑色によく映えます。

3
低木の花を密に

　バラなど花の咲く低木（シュラブ）は、密に植えなくても、花をたくさん咲かせることで色の面ができます。そのため枝を日にあてるように誘引したり、花数が多くできるタイミングで剪定したりします。

シダレザクラ❶の枝からこぼれるように咲く、芝生のイングリッシュデージー❷。

枝にたわわに咲いているオオデマリ❶。剪定は花が咲き終わった夏前に行います。

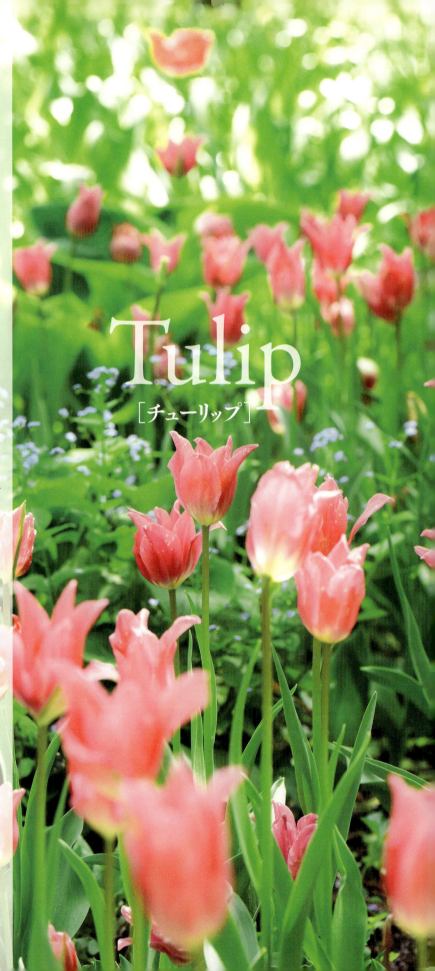

Tulip
[チューリップ]

バラクラで出合える
チューリップの咲き方

[ひと重咲き]
もっともチューリップ
らしい咲き方です。

[ユリ咲き]
花弁の先端が尖っていて、開いた姿を
上から見ると星形に見えます。

[八重咲き]
花弁が幾重にも重なり、
つぼみのときは丸い形をしています。

[フリンジ咲き]
花弁の先端に細かな切れ込みが入る
咲き方でひと重と八重があります。

Chapter 2

バラクラ イングリッシュ ガーデンに学ぶ 庭づくり

35年に亘るガーデンデザイナーの経験から
イングリッシュガーデンの基礎的な知識と
庭づくりの根本にある考えをまとめました。

" 私が庭づくりで大切にしている3つのこと "

　長野県・蓼科に日本初の本格的なイングリッシュガーデンをオープンさせてから35年が経ちました。私が庭づくりで大切にしていることは、「植物の多様性」、「植物選び」、「カラースキーム」の3つです。

　「植物の多様性」とは、イングリッシュガーデンの基本ともつながります。イングリッシュガーデンでは絶対植えなければならないという植物はありません。ただ「これを植えましょう」という要素があります。それが、木(Tree)、低木(Shrub)、バラ(Rose)、宿根草(Perennial)、球根(Bulb)、1年草(Annual)です。これらの分類を意識して植物を選ぶことで、自ずと庭に多様性が生まれます。とくに低木は、花後の葉だけでも美しく、葉が落ちた枝の形も絵になるので、庭に深みをもたらします。

　現在の蓼科のガーデンはさまざまな植物で構成され、春夏秋冬、それぞれの季節に楽しめる植物を植えています。また上記の要素だけでなく、葉の形、大きさや背の高さなども多様になるように、選ぶ視点が大切です。例えば、草花だけの庭はやさしく、かわいらしいですが、心には残りません。ときには印象を強くするため、造形的におもしろい植物なども取り入れることで、アクセントとなるようにしています。

　「植物選び」とは、その場所の環境に合う植物であること。私は、蓼科の土地や空気となじみ、ガーデン全体の調和を考えて選んでいます。

　「カラースキーム」はChapter1で紹介した配色計画です。花の色ばかりではなく、葉や茎の色なども考慮します。木、低木、宿根草、球根は花が咲くものも1年に1回がほとんど。そこで季節ごとに庭に色をもたらすのが1年草です。春のパンジーが咲き終わるころに、ワスレナグサが咲き、草丈が伸びる初夏が近づいたら、インパチェンスが夏の庭を彩るといった、季節による変化を楽しむことができます。

　開園当時、日本には私が庭に植えたいと思う植物が少なく、種や小さな株を植え、しっかり育つのかと焦る日々でした。現在ではさまざまな植物が手に入るようになり、生産者の努力の賜物、と感謝しています。

- 植物は育ち、変化します。35年前には青空が広くのぞめたガーデンも木が大きく育ち、緑茂る風景となりました。
- 開園当時にどうしても植えたかったアジサイ'アナベル'。当時は日本にほとんどなく、探して植栽しました。蓼科の気候ともよく合います。私たちが植えてから広く知られ、日本中でブームとなり、いまでは切り花生産もされています。

" 年に1度咲く
オールドローズの
蔓バラ "

　イングリッシュガーデンというと、多くの人はバラの庭を想像されるでしょう。バラクラという名前から、バラ園だと思う人も少なくありません。この名前は、私のファッションブランド「バラ色の暮し」が由来で、バラの花の意味ではないのです。
　とはいえ、イングリッシュガーデンでのバラの位置づけは特別です。開園当時はイギリスから80品種以上を輸入して植えていました。けれどもモダンローズといわれる現代バラは、2年目の冬に茎が凍結して割れ、枯れてしまったのです。そのなかで残ったのがオールドローズでした。品種ごとに開花するタイミングが異なりますが、年に1度、6月中旬から7月上旬の間に花を咲かせます。
　開園当初、庭園デザインを手がけたジョン・ブルックスの設計を基に、バラクラではオールドローズの蔓バラを園内に植えています。ランブラーローズに分類される'ランブリング・レクター'、'ポールズ・ヒマラヤン・ムスク'、'ブラッシュ・ランブラー'は、枝が細くしなやか。壁面やトレリスなどと相性がいいタイプなので、アーチやガゼボなどに植えています。また、スクランブラーローズに分類される'キフツゲート'は、

　蔓の長さが10m以上にもなるバラです。エントランスにあるパビリオンの屋根に這わせています。どちらも生命力旺盛です。

　これらのバラの性質分類は、イギリスのバラの大家であるピーター・ビールスが考えたものです。

　蔓バラは誘引によって、茎に日光があたり、花芽の育成が促進します。剪定は一般的に1輪の花を大きくするために行われますが、私は秋のオールドローズの実を楽しむためと、冬の鳥たちのために花枝の剪定は春先にしています。

- (p.86写真)ガゼボを彩る'ポールズ・ヒマラヤン・ムスク'。細い枝が特徴的で、花が咲くとその重さで枝が枝垂れる様子も素敵です。花は小さくサクラに似た涼しげな花色。名前にムスクとあるように、甘い香りがあります。
- (p.87写真)プライベートガーデンの壁を這うのは'ブラッシュ・ランブラー'。バラのシーズンにいち早く花を咲かせます。

" 手軽に楽しめ
トラブルが少ない
球根花 "

　春のバラクラは数多くの球根花が咲き誇り、まさに饗宴という言葉がぴったりの景色を楽しめます。球根の花のよいところは、適切な季節に球根を植えさえすれば、シーズンになると、きちんと花を咲かせてくれることです。草花類は花が咲くまでの過程でトラブルが起こることもありますが、極端な日照不足や環境悪化がない限り、球根は花を咲かせてくれます。

　バラクラの春はクロッカス、スイセン、スノーフレークからはじまり、ムスカリ、アネモネ、チューリップ、ヒヤシンス、シラー、フリチラリア、イングリッシュブルーベル、カマシアなどがガーデンを彩ります。球根を植えるときは、バラ同様に「自然のような景色をつくること」が大事です。球根を植えようとすると、ついまっすぐに等間隔で植えたくなりがちです。すると、花が咲いても整然とした花壇になり、自然のようには見えません。自然情景に近い風景を描くためには、まっすぐに並べないこと。そして、複数の球根を固まりで植えることです。

　チューリップなら植える球根5、6球を左右の手の平にのせ、ポンと放ります。落ちた場所に穴を掘り球根を入れ、土をかぶせます。こうすることで、野生のなかで咲いたようにランダ

ムに、しかも大株のように群生して咲かせることができるのです。

　この方法はチューリップ以外の球根でも同様です。ただし、球根を植える深さとしては、チューリップやスイセンなら20〜30cm。ムスカリやクロッカスは、球根の大きさの2〜3倍が一般的です。

　球根花は同じ植物でも、品種によって開花期が異なります。スイセンなら'テタテート'は早咲き、ラッパスイセンは遅咲きです。品種や種類を混ぜて群生をつくる場合は、開花期を考えて球根花を選ぶとダイナミックな景色が楽しめます。

- (p.88写真) 芝生の脇に咲くオーニソガラム。小さな花ですが、自然に増えて、存在感が増しました。
- (p.89写真) 手前はムスカリ、奥はピンクのチューリップの群生です。ランダムに球根を植えていることで量があっても、形づくった印象にはならずに、自然の風景として心に残るものになります。

" 秋のガーデンを華やかに彩るダリア "

　秋に咲く植物はないかと探し求めて、2000年ごろから植えはじめたダリア。緑豊かな夏の庭を秋色にがらりと変えてくれる存在です。ダリアはかつては仏事の花といわれていましたが、いまでは秋の主役の花です。

　イギリスにもさまざまな種類のダリアがあります。芋といわれるダリアの球根は、残念ながら日本に持ち込むことは禁止されています。そこで私はダリアの育種家である秋田国際ダリア園の鷲澤幸治さんを訪ねました。鷲澤さんが手がけた品種のなかから、ガーデンに向いている品種を選び植えたのが、バラクラでのダリアの最初です。

　ダリアは花形も多種多様です。まん丸い花形のボール咲き、花弁が内側に丸まるオーキッド咲き、花弁が外側に反り返っているセミカクタス咲き、丸い花弁が密集しているデコラ咲きなど。ひと重の控えめなタイプや小輪のタイプもあります。

　草丈が高く、花も大きなダリアの存在感は格別です。まとめて植えることで、芝生脇のボーダーガーデンは華やかな雰囲気になります。暖地では花後に球根を掘り上げなくても育てられるダリアですが、蓼科では掘り上げる必要があります。

花が咲き終わる11月上旬から球根を掘り上げ、冬の間は保管しておきます。春に一度ポットに植え、ある程度育ったころ、春の球根花が咲き終わった場所に植えます。咲きはじめは、8月中旬ごろ。霜が降りはじめる時期まで楽しめます。

ダリアは上に花が咲くため、下のほうは葉と茎のみです。そこを隠すように、同じ時期に花を咲かせる宿根草を合わせています。エキナセア、ヘレニウム、モナルダ、シュウメイギクなどと相性がよいので、花色とのカラースキームを考えて選びます。さらに地面に近い位置には、1年草で色を足しています。

- (p.90写真)大輪のダリアは秋の日差しのなか、庭を華やかにします。
- (p.91写真)アーチの両側には、ひと重の'ホンカ'を植えています。素朴で愛らしいひと重咲きのダリアには風情があります。この品種は花びらが内側に巻いています。隣に咲くのは補色の関係になる薄紫色の宿根アスターです。

ケイ山田流 個性を出した寄せ植えのつくり方

　私が主宰する「ケイ山田ガーデニングスクール」では、教科のひとつとして、寄せ植えの授業をしています。寄せ植えは、庭がなくても、ベランダや窓辺などに置くことができます。そしてひとつの鉢に複数の植物を植えることで、色や形の組み合わせを楽しむことができます。個性を出した鉢がつくれる半面、複数の植物の育ち方や、適する土や肥料の把握など、技量や知識が試される植え方です。ここでは、寄せ植えをつくる前に考えることと、植物の選び方と植え方のポイントを紹介します。

　寄せ植えは小さなガーデンです。つくる前に「その寄せ植えをどこに置くのか」を考えることが大切です。屋外なら、玄関前なのか庭なのかによって、壁や床の色や周りの環境が異なります。日当たり、風向きなども考慮して、鉢やコンテナ、植物を選びます。

　寄せ植えでの植物選びには、3つのポイントがあります。ひとつめは植物の好む環境（光、水、土）が似ているものを選ぶことです。例えば、水が少なくてよいサボテンと毎日水やりが必要なゼラニウムを同じ環境で育てることは難しいものです。

　ふたつめは、長く楽しめる植物を入れること。時間の経過とともに少しずつ表情を変えながら美しくなっていく、これが寄せ植えの魅力であり醍醐味です。そのためには花や葉が長く楽しめるものを入れておきます。例えば春の球根花は2、3週間で咲き終わりますが、花期の長いパンジーやクリスマスローズと合わせることで、球根花が咲き終わっても楽しめるのです。

　3つめは、色彩を考えること。寄せ植えに向かない植物というものはありません。どんな植物でも寄せ植えにできます。枠にはまらずに咲いている花たちを想像しながら選びましょう。

　最後に大事なのは植え方です。植物を植え込むときに心がけてほしいのは、花の向きや色合わせです。鉢の縁を隠すように垂れ下がっている植物なども重要です。植物が根づいてつくり出す形がおもしろいのです。なかには生き残れない植物があっても、足元をカバーするなど、一時的にでも鉢のなかできちんと役目を果たしてくれます。

● バラクラのエントランスにある階段には、季節の寄せ植えを常に置いています。写真は夏のエントランス。涼しげなブルーのアジサイと、日陰の場所に適した植物を植えています。器の大きさや形はそれぞれ違いますが、色は統一しています。合わせて並べることで、華やかな雰囲気が生まれます。

> "花は咲き終わって
> 葉が枯れても
> 7週間はそのまま"

　イギリスのガーデニングの考え方は、合理的で奥が深いと感じます。この合理的とは、手間をかけずに美しく庭をつくるということです。

　日本の園芸では、昔から植物が育つと株分けや挿し木での増殖を盛んに行いますが、イギリスでは庭植えの植物はそのままにします。そのため宿根草は株が大きく育ち、年々ボリュームが増します。芝生に植えているスイセンなどの球根類は植えっぱなしです。「放っておいたほうがよい」という考え方によるものです。これはイギリス人が自然をよく知り、植物を知っているからこそ生まれた知恵なのでしょう。

　合理的な面のひとつが、私も取り入れている、「花が咲き終わってからも7週間はそのままにする」という考え方です。例えばスイセン。私がスイセンを植える場所は、ほとんど芝生のなかです。景色として、遠くから眺められるように植えています。春になり、芝生の緑色のなかから咲き出すスイセンは、固まりになり大変美しい風景を生みだします。スイセンが咲き終わるころ、芝草が伸び始めます。スイセンの葉が黄色く枯れるころには、枯れた葉は伸びた芝草によって見えなくなるのです。このように7週間ほど葉を刈り取らずにいると、光合成によって根に栄養が届き、翌年また花を咲かせてくれます。手入れも楽でガーデンの美しさも保てます。

　一方、チューリップも球根植物ですが、スイセンとは異なり1年草と考えています。冬に枯れた宿根草の間に球根を植えます。花が咲き終わるころには、宿根草の葉が広がってきます。チューリップの葉が枯れたら取り除き、球根は掘り上げません。

　一般的には次の花を大きく咲かせるために、「咲き終わった花はすぐに取りましょう」と言われます。しかし、バラクラではダリアなども花芯がのぞいても、昆虫たちのためにそのままにしています。少しくらい花が小さくてもたくさんの花が咲いている様子は格別です。これはバラも同様。手間がかからないうえに、花が咲いている間に、他の植物がどんどん育っていくので庭全体で考えると、自然の循環なのです。

- 手前の花は、個性的なクニフォフィア。奥の群生は春に咲いたアリウムが咲き終わって種へと変わっていく様子。花後のフォルムも存在感があります。
- 咲き終わった花をそのままにしているからこそ、葉の形や色などが活きてきます。
- 花がら摘みが大変過ぎて、庭づくりから遠ざかる人も少なくありません。手間をかけ過ぎないことも大切です。

" 雑草との付き合い方は庭の年月で変化する "

　庭のなかで一番困るのは雑草です。開園してからしばらくは、格闘の日々でした。芝生にも種が飛び、気がつくと雑草がいくつも生えていました。一心不乱に雑草を抜いたため、疲れ果てて芝生に倒れ込むように寝ていたら、お客さまに心配そうにのぞき込まれてしまい、慌てて起きあがったこともあります。

　雑草と日々奮闘するうちに、おもしろいことに気がつきました。放っておくと背が高くなって、白いマーガレットのような花を咲かせるヒメジョオン。この植物は抜いても、また出てきて、また抜いてと繰り返しているうちに、背の高さが低くなりいつしか10cmぐらいで咲くようになったのです。雑草なりの生き残りの知恵でしょう。いまでも芝生に生えてくる雑草はほとんど抜いています。ヒメジョオン同様に、抜くことを続けていると、徐々に小さくなる傾向があります。とはいえ、雑草の強さには敬服します。

　庭が育ってくるにつれ、雑草との付き合い方も変化してきました。開園から年月が経つうちに、ボーダーガーデンの宿根草の株や低木（シュラブ）類が大きく育ち、土を覆うようになって、雑草の入り込むスペースが減っていったのです。

　また低木の背が伸び、枝が伸び、葉をつける

ようになると、周囲に影が生まれ、自然と雑草が育ちにくい空間になってきます。宿根草を株分けせずに、植え続けて大きく育てていくことの合理性、そして低木を庭に植える理由は、こんなところにもあるのです。

　バラクラで30年近く働いているヘッドガーデナーのアンディさんをはじめ、鶴谷さん、吉村さん、皆、私の大切な頼れる人たちです。庭が美しいのは、彼らのたゆまぬ働きのお陰です。2024年には、ふたりの若い女性ガーデナーが入社しました。とても嬉しく、そしてこれからが楽しみです。

- (p.96写真) イギリスではかわいいイングリッシュデージーも雑草のひとつ。バラクラでは、芝生のなかに種を植えて咲かせています。イギリスの雑草にはレッドキャンピオンやカウスリップなど愛らしいものがあります。
- (p.97写真) 秋にガーデナーたちとワスレナグサを植えているところです。苗を植える前には、雑草を抜き、土づくりをします。

" バラクラに咲く とても珍しい シャクナゲ "

　20年以上昔、ある種苗店で、とても珍しい植物を見つけました。植物の名前はわからなかったのですが、たったひとつしかなかった苗を「あなたたちになら譲ってもいい」との言葉で、大事に持ち帰りました。私は背丈30cmほどの小さな苗をブルーガーデンと呼ぶ庭に植えました。

　やがて、毎年とても美しいブルーの花を咲かせてくれるようになります。花の見た目はシャクナゲかツツジに似ていますが、誰もどちらなのかわかりません。いつしか私の背丈ほどに大きくなり、花も多くつくようになったのです。けれども相変わらず、植物の種類はわからないまま。ガーデンを訪れるさまざまな専門家の方にも「この植物はシャクナゲなのか、ツツジなのか？」と聞きましたが、皆さん首をかしげるばかり。またこの植物を増やしたいと、専門の育種家に依頼し、挿し木を試みましたが成功しません。採れた種を蒔くこともしました。しかし、最初の双葉は出るものの、その後は大きくならず、枯れてしまうという気難しいものでした。

　2023年5月に、イギリスのオックスフォード大学附属植物園の樹木園のキュレーターであるベン・ジョーンズ氏が来日した折、その花はちょうど美しく咲いていました。そこで、彼は

私たちの疑問を知り、調べてくれたのです。結果、シャクナゲであることが判明しました。学名は、「ロードデンドロン・オーガスティニアイ、*Rhododendron augustinei*」という植物でした。長い間の謎が解け、私は本当に嬉しく、跳び上がって喜びました。

2024年秋、ベン・ジョーンズ氏が再来日した際には種を採取し、正式な手続きのもとイギリスへ送りました。オックスフォード大学附属植物園で育種をトライすることになったのです。育種や増殖に成功し、苗木となり日本に戻ってきたら、どんなに嬉しいことでしょう。

- (p.98写真) 花を見ただけではシャクナゲかツツジか判別できませんでした。
- (p.99写真) シャクナゲの足元に咲く赤紫色のチューリップ。シャクナゲの青色と呼応し、美しい春の景色となっています。

英国式ガーデンを知る。貴族の庭園から独自のスタイルが誕生

　現在イギリスのガーデニング人口は、3000万人ともいわれます。総人口約6800万人の半分近くがガーデナー（園芸愛好家）ということです。かつて庭園は貴族のものでした。それが一般の人たちのものとなった過程に触れてみましょう。

　イギリスの庭園は、時代ごとに考え方やデザインが変化しました。文化的に進んでいたイタリアやフランスに学び、その流行を取り入れました。17世紀にフランスのヴェルサイユ宮殿につくられた整形式庭園と呼ばれる幾何学的なスタイルが、イギリス貴族の邸宅の庭でも見られるようになったのは、そのような流れによるものです。

　イギリスが独自の庭園様式を持ち、ヨーロッパ中に影響を与えるようになったのは、18世紀からです。当時、上流階級の子弟たちの間で、ローマを目的地として、見聞を広め教養を高める、グランドツアーと呼ばれる周遊旅行が行われていました。そこで買い集めた絵画のなかで人気があったのが、クロード・ロランやニコラ・プッサンが描いたイタリアの風景画でした。彼らは広大な所領を、そのような風景につくり変えようと考えました。こうして生まれたのが、イギリス式風景庭園と呼ばれるものです。p.101の庭園はその代表例です。理想の風景をつくるために、ローマ風の建築が建てられ、カントリーハウスと呼ばれました。

　現代のイングリッシュガーデンと呼ばれる形態へと移行したのは19世紀後半からです。時代はヴィクトリア朝の黄金期で、大英帝国が7つの海を支配し、王立園芸協会やキュー植物園がプラントハンターを世界中に派遣し、植物の収集をしました。豊富な植物を使って庭をつくることが富裕層の間で流行となりました。産業革命以降、公害でロンドンの環境汚染が進み、都市から田舎へ移り住む動きも見られました。ロンドン郊外のマナーハウスに産業革命によって富を得た富裕層たちが移り、自然なスタイルの庭が好まれるようになります。

　自然回帰を提唱し、新しいスタイルの庭をつくったのが、ウィリアム・ロビンソンです。当時イギリスでは、パルテールと呼ばれる装飾花壇が人気を集めていましたが、ロビンソンはさまざまな植物を組み合わせて、自然風に見える庭園の考え方を提唱し、いままでにない庭のスタイルを追求しました。こうして現代のイングリッシュガーデンにつながる、独特な英国式のスタイルが生み出されたのです。

● イギリス中央部ダービーシャーにある大邸宅チャッツワース・ハウスのイギリス式風景庭園。18世紀につくられたもので、造園家ランスロット・ブラウン（別名ケイパビリティー・ブラウン）の代表作のひとつ。（写真：Chatsworth House）

変化し続けるイギリスでの庭に対する考え方

　19世紀後半、ウィリアム・ロビンソンの思想に共鳴した近代ガーデニングの母と呼ばれるガートルード・ジーキルは、グレーターロンドンのマナーハウスに居を構えていました。アーツ＆クラフツにも共鳴し、自身、園芸のほか絵画、工芸などのライフスタイルをたしなんでいました。彼女は建築家のエドウィン・ラッチェンスと組んで新しい造園の思想を生み出しました。その形式は、ボーダーガーデンと呼ぶ花壇です。自然のなかに花の群れを組み合わせる手法で、カラースキームを重視しました。この手法は現代にも受け継がれています。

　20世紀に入ると、ヴィタ・サックヴィル・ウェストが、外交官であった夫のハロルド・ニコルソンとともに、ケント州にシシングハースト城を買い求めます。夫は庭の骨格をつくり、ヴィタはその一画にホワイトガーデンという新しいコンセプトの庭をつくりあげました。彼らの庭の在り方に、刺激を受けた人々が、次々と新たな庭園に着手していきます。

　20世紀後半は女性園芸家が活躍した時代でした。イースト・ランブルック・マナー・ガーデンズという庭園を手がけたマージェリー・フィッシュ。彼女は素晴らしいカラーコンビネーションを庭に生み出しました。ローズマリー・ヴェアリーの庭は、バーンズリーハウスと呼ばれ、なかでもキッチンガーデンの素晴らしさは、多くの人々のお手本となりました。彼女は、皇太子時代のチャールズ英国王の庭、ハイグローブ・ガーデンをデザインしたことでも知られています。彼女たちが手がけた庭は現在でも美しい庭園として、多くの人に影響を与えています。

　20世紀後半のイングリッシュガーデンに大きな影響を与えたガーデンデザイナーのひとりは、バラクラの基本設計をしたジョン・ブルックスです。彼は環境に配慮した景観をデザインの基本とし、「庭は人が利用するためにある」と1960年代当時では画期的な考えを持っていました。アメリカのシカゴ植物園、英国内ではウェストミンスター寺院など、世界中の数多くの庭園を手がけました。

　21世紀の現代、注目されているガーデンデザイナーのひとりがトム・スチュワート・スミス氏です。彼は荒れ野のような景観に、植物が持つテクスチャーを重視した庭づくりをしています。彼もまた環境との共生を重視しています。

　このように時代とともに、イングリッシュガーデンは変化しているのです。

● バラクラの春の景観のひとつ。春分の日の前後に、白と紫色のクロッカスが一斉に咲き誇る姿は格別です。この風景は開園時の設計のひとつでジョン・ブルックスが考えたもの。30年を超えても、毎年見たくなる景色を彼は考えてつくりあげたのです。

" イングリッシュガーデンの基本スタイル1
ボーダーガーデン "

　高山にある花畑は同じ種類の花が固まりとなって自然な美しさを構成します。植物を植える際に、このような自然から学び、同一種での植物の固まりを組み合わせて、色やテクスチャーを統一する花壇をボーダーガーデン(border garden)といいます。この手法を編み出したのが、ヴィクトリア時代の園芸家ガートルード・ジーキルです。低木(シュラブ)や1年草、球根など、さまざまなカテゴリーの植物を組み合わせたボーダーガーデンをミックスボーダーと呼びます。背景に壁や塀がある場合は、手前に背の低い植物、中間に中程度の背丈、一番奥に背の高い植物というように植栽します。ボーダーガーデンに向いているのは、宿根草や低木などの植物です。

●夏のバラクラのボーダーガーデン。

イングリッシュガーデンの基本スタイル2
メドウ

　イングリッシュガーデンのなかでも人気のあるスタイルのひとつが、メドウ(meadow)。メドウは「草地、牧草地」を意味します。つまり、牧草地のような草むらの庭をつくりあげる手法です。広大な庭の一部を草むらにし、春に咲くスイセンなどの球根花や、初夏にはポピーやヤグルマギク、バターカップ(キンポウゲ)などの花が自然に咲き出す風景を楽しみます。ひとつ間違えると、雑然としたただの草むらになってしまうため、管理が非常に大変です。草むらは主に芝生で、芝草が伸びたところに花が咲くように構成しますが、美しいメドウにするためには年月がかかります。素朴な草花と相性がよく、最近人気が高いグラス類などが風になびく風景も素敵です。

● ニッコウキスゲが美しい初夏のバラクラのメドウ。

" イングリッシュガーデンの基本スタイル3
ウッドランド "

　ウッドランド（wood land）とは、一般的には林のことですが、イングリッシュガーデンでは「明るい林」を指します。つまり、ブナやカバの木などの落葉樹が植栽され、やさしい木漏れ日が射す林のなかの庭です。これらの落葉樹の足元に、下草としてさまざまな植物を植えます。ウッドランドに向いているのは、カタクリ、クリスマスローズ、スノードロップなどの林床植物と呼ばれるもの。森林での散策気分を楽しめるような庭として構成します。

　イギリスのウッドランドの春には、イングリッシュブルーベルが咲きます。木々のなかで、ブルーのカーペットを敷いたような姿は圧巻で、美しい風景です。バラクラではワスレナグサ、クリスマスローズなどを植えています。

● 春のバラクラのウッドランド。森のなかに潜む花園のような風景。

イングリッシュガーデンの基本スタイル4
グラベルガーデン

　地球温暖化のなかで注目されている庭づくりの手法がグラベルガーデン(gravel garden)です。「荒地、砂利土」などを意味するのがグラベルで、まさにその環境に適した、暑さや乾燥に強い植物を主体にした庭です。向いている植物は、ユーフォルビア、ポピー、サルビア、グラス類、ユッカ、バーバスカムなどの宿根草、球根や低木(シュラブ)など。タチアオイ(マロウ)のような、アスファルトの割れ目から力強く咲き出す植物なども適しています。

　バラクラでは、グラベルガーデンに似た、スクリー・ガーデンがあります。スクリーとは岩や石が転がっているがれ場のこと。ここには原種のシクラメンやヘパチカ(雪割草)、高山植物などを植えています。

● イギリス、ベス・チャトー・ガーデン内のグラベルガーデン。(写真：Barbara Segall)

Dahlia
[ダリア]

バラクラで出合える ダリアの咲き方

[インフォーマルデコラ咲き]
花弁がねじれて波打ち
先端が外側に反り返ります。

[セミカクタス咲き]
幅のある花弁が外側に反り返り、
一見すると細弁のように見えます。

[ボール咲き]
花全体が球状になっていて、
かつ直径約5cm以上のもの。

[オーキッド咲き]
ひと重の花弁が
内側に巻く咲き方です。

Chapter 3

自然との共存。これからのガーデンに必要なこと

気候変動まっただなかの時代における
イングリッシュガーデンの在り方とは…。
人々と庭との関わり方も併せて紹介します。

" 人々が健やかに
自然と共存する
これからの庭 "

　イギリスの王立園芸協会(RHS)は、イギリスや欧州においてガーデニングや園芸を奨励する組織です。総裁は英国王で、国内に5つのガーデンを所有しています。世界中から多くの人々が集まるチェルシーフラワーショーをはじめ、花の祭典を各地で開催しています。世界中の野菜の種を持ち、学術的な研究も行い、約4000人のスタッフは各自の分野で発信、普及活動を推進していると、園芸部門最高責任者のティム・アプソン博士から聞いています。
　現在、この王立園芸協会(RHS)が提唱しているのが「人類のための庭づくり」。その骨子は、急速な地球環境の変化のなかで、人類のために価値のある状態にするには、ガーデンはどうあるべきかを考えていくことが重要である、ということです。現在、3つのコンセプトが提案され、そのモデルガーデンが、イギリスのウィズリーガーデンにつくられています。3つのコンセプトは「ウェルビーイング(Well Being)」、「ワイルドライフ(Wild Life)」、「フードガーデン(Food Garden)」です。ウェルビーイングは、心と健康を守るために、人々が快適に過ごせる庭。ワイルドライフは庭のなかに自然があり、昆虫や鳥など多様な生き物と共存できる庭。フー

ドガーデンは、言葉どおり、食することができる庭、つまり野菜類を植えている庭です。

　これらは庭がなくても取り入れていくことはできます。例えば植木鉢に草花とともに野菜を植えればフードガーデンになります。植物は人の心に訴えかけ、癒やしを与えるものです。花の色、手触り、香りなど、植物に直接触れることが心身によい影響を与え、ウェルビーイングにつながるでしょう。さらに、チョウやハチなどが好む植物を植えれば、ワイルドライフにつながります。庭を通して、自然と触れ合うことの大切さを考えてみたいものです。

- （p.110写真）長距離を飛ぶことで知られる大型の美しいチョウ、アサギマダラをはじめ、さまざまなチョウがバラクラにはやってきます。
- （p.111写真）庭のあちらこちらにベンチを置いています。植物に囲まれて過ごす時間は特別です。
- バラクラでは、別名「バタフライブッシュ」と呼ばれるブッドレアをはじめ、チョウが好む植物を数多く植えています。

" 暑さに強い植物を導入。温暖化で変化するガーデンデザイン "

　時代に即した庭の考え方は、ガーデンデザインにも影響を及ぼします。地球温暖化もそのひとつです。王立園芸協会(RHS)では、ガーデンに植える植物をさまざまな角度から検証しています。例えば熱帯や温帯が原産地である植物が、イギリスの冷涼な気候のなかでどう生き残っていくのか。また、他の植物とどのように共生させることができるのか。これらを検証するため、実験的な庭をつくっています。

　オランダ人のピィト・アゥドルフ氏は、その土地に自生している植物や宿根草を使う自然主義のガーデンデザイナーです。彼が着目したのは、雑草に近いグラス類を庭に導入することでした。その手法はヨーロッパにとどまらず、アメリカや日本など、世界中で注目されています。とくにグラス類は乾燥や熱風にも強く、たくましい生命力があります。彼はグラス類の間に宿根草を植えることで、庭に色を添えています。

　蓼科という、夏でも冷涼な気候で知られる私たちのガーデンも、開園当時とは大きく変わり、夏には30℃を超える日が増えてきました。そのため、メドウのなかに、グラス類を植えています。日本でよく知られている野草のネコジャラシ(エノコログサ)のような、穂が風に揺れる姿は、暑い季節に涼感を与えてくれます。グラス類の素晴らしいところは、やせた土地でも生育するというたくましさだけではありません。葉色のバリエーションがあること。葉はバッタなど昆虫たちの住処にもなります。

　温暖化が進み、日本の庭でも観葉植物を戸外に植栽している風景を見かけるようになりました。外来の植物がその地に根差し、どのように成長していくのか、今後、注意深く検証していく必要があります。

　最近では、植物の存在自体が温暖化をやわらげるとして期待されるようになりました。高層ビルや公共の建物においては、壁面装飾や屋上庭園などが建物の冷却に効果をもたらすと考えられています。日光の直射を防ぐほかにも、二酸化炭素の吸収や空気清浄など、植物が果たす役割は大きいと思います。

- 夏の蓼科でも真夏日が増えています。温暖化は確実に進んでいることが、庭を見ているだけでわかります。
- 冬の寒さは相変わらず厳しい日もありますが、以前ほど寒い日が続くことは減り、降雪も減っています。
- 花の開花が以前より早くなったものが増えた一方で、猛暑の影響で開花が遅れる植物も多くあります。

" 自然と共存する庭で生まれる生態系の秩序 "

　バラクラでは現在、たくさんの鳥が見られます。しかし開園したばかりのころは、鳥はキジの夫婦が庭を横切るくらいでした。イギリス人ガーデナーに「日本には鳥がいない」と言われるほどだったのです。それがいまでは、シジュウカラやジョウビタキのように、ここを住処としている鳥もいます。バラクラで開く鳥の観察会の講師である、日本野鳥の会の杉山直先生によると、年間を通して60種以上の鳥が飛来しているそうです。草むらが好きな鳥もいれば、高い木の枝にとまってうたう鳥もいます。チョウやハチ、トンボなどの昆虫や、カエル、クモ、野ネズミ、モグラ、ヘビもやってきます。

　私たちは、庭の管理にほとんど化学農薬を使いません。必要なときはなるべく、環境に負荷がかからない食品由来の農薬を使うようにしています。だからこそ、小動物たちにとっては居心地のいい場所なのでしょう。しかし、昆虫や小動物がやってくることで、困ることもあります。クワガタのような甲虫にバラの幹を食べられ、枯れてしまったときは、泣きたい思いで枯れ枝を取り除きました。けれども、私は彼らがこの庭に来ないでほしいと、決して思っていません。花のなかに潜んでいるアオガエルは、飛

んでいるハエやカを捕まえてくれます。多種多様な植物があることで、さまざまな昆虫が集まり、その昆虫を目的にやってくる鳥や小動物たちがいるからです。

　夜に現れるフクロウやコウモリは、隣の深い森のなかに住んでいます。彼らはセミなどの昆虫のほか、ネズミやヘビ、カエルなどの小動物も食べます。ヘビもネズミを食べますが、鳥のヒナを狙うこともあります。このように、生物多様性（biodiversity）によって、庭のなかに自然の連鎖が生まれます。この連鎖が自然との共存で生まれる生態系の秩序なのです。

- （p.114写真）ダリアのなかで鳴いているアオガエル。
- （p.115写真）冬の渡り鳥、ジョウビタキですが、バラクラでは留鳥となって住んでいます。
- 植物の多様性が豊かな世界では、昆虫や小さな生き物が多く住み、生態系の秩序が保たれています。

" 人々の暮らしを変えていく地域社会の庭づくり "

　イギリスでは、ブリテン・イン・ブルーム(Britain in Bloom)という運動が大きな核となり、いままでガーデンとは関係のなかった人々をも動かしはじめています。ブリテン・イン・ブルームとは、ガーデニングを通じて地域社会の環境改善を支援することを目的とした、王立園芸協会(RHS)主催の毎年恒例のコンペティションです。3000を超えるイギリス国内の自治体や都市コミュニティが参加します。そのなかから、印象的な3つの事例を紹介します。

　ひとつめは、病院の庭などで、車椅子の利用者でもガーデニングが楽しめる、高さがある庭です。レンガや木で組んだ囲みのなかに土を入れ、地面より高い位置に植物を植え込む手法で、レイズドベッドガーデンと呼ばれます。しゃがむ必要がなく、車椅子に座ったままでも土に触り、植物の香りを嗅ぎ、植物を植えることもできます。ここでは植物の種類は問いません。通常なら庭づくりができない環境にいる人でも、ガーデニングを楽しめる取り組みです。

　ふたつめは、ホームレスのための庭づくりです。街中のホームレスたちを巻き込んだ活動で、街の片隅に畑をつくり、土を耕し、野菜を育てます。収穫した野菜は食べることができるうえ、活動を通して一般市民とホームレスの間にコミュニケーションが生まれます。活動をきっかけに、生活を立て直す人も出はじめています。

　最後はブリテン・イン・ブルームで、ゴールドアワードを受賞したケースです。ある共同住宅の脇に公衆トイレがありました。周囲はゴミ捨て場と化し、嫌な臭いが漂っていました。ある日、共同住宅に住むひとりの老人が、ゴミを片づけ、種を買って花を育てはじめました。すると、その様子を見ていた住民のなかに、ともに花を植える人が出てきたのです。その輪は徐々に広がり、やがて美しい花壇へと変貌しました。寄付により、噴水もできました。いまではそこにゴミを捨てる人は誰もいません。人々のコミュニケーションとネットワークにより、汚れていた場所が美しく生まれ変わり、庭づくりに関わった人々が表彰されました。

- 地域社会を支えるガーデンができることは、その地域の暮らし、治安がよくなることを意味します。
- ブリテン・イン・ブルームの活動の盛り上がりにより、人々のつながりが大切だと考えられています。
- 土との触れ合いや植物の育つ姿を目の当たりにすることが人々の暮らしに前向きな影響をもたらします。

"みつけイングリッシュガーデンの奇跡"

　2009年に新潟県見附市にオープンした「みつけイングリッシュガーデン」には開園の準備段階から20年以上、監修デザイナーとして携わっています。もともとは産業団地として開発された土地でした。企業が1社も入らなかったので、新潟県と当時の見附市長から企業誘致や集客の目的として新しい公園をつくりたい、と声をかけていただいたのです。

　この公園の最大の特徴は、開園の4年前から地域のボランティアを募り、「ナチュラルガーデンクラブ」を結成していたことです。現在、120名以上が属しているクラブのメンバーが日々公園の維持管理を行い、美しいガーデンを保っています。メンバーは園芸やガーデニングの初心者でしたので、私が指導を担当しました。

　2024年5月に王立園芸協会(RHS)より、ブリテン・イン・ブルームのゴールドコミュニティ賞を、見附市、ナチュラルガーデンクラブ、私の3者で受賞しました。これは開園からいままでの、みつけイングリッシュガーデンと見附市に起きた変化がもたらしたものです。

　何もなかった産業団地にイングリッシュガーデンが誕生し、地域の交流も薄かったなか、ガーデンボランティアを通じて人々のコミュニケーションが生まれました。ガーデンの横にはホテルが建ち、美しいガーデンのために遠方から足を運ぶ人が増えました。産業団地もいまでは全土地が埋まり、5000人も雇用が生まれたのです。

　さらに驚くことに、ガーデンボランティアの活動から健康になる市民が増え、市の医療費が減り、保険料の減額につながりました。2023年には来園者がのべ200万人を超えました。いまでは街や市内の小中学校にも花を提供し、ガーデン内で子どもたちへの教育活動を行うなど、まさに地元とともにある公園となっています。

　本来なら、ブリテン・イン・ブルームは英国内のみが対象のコンペティションです。開園前から現在までのみつけイングリッシュガーデンの取り組みを王立園芸協会(RHS)に報告すると、何度もの会議を経て、ようやく審査されることになりました。審査の結果、みつけイングリッシュガーデンはその価値に値すると、1年越しに評価を受けたのです。英国内以外の受賞は初めてのことです。見附市民にとって、なくてはならない庭であり、これからも地域に根づいた公園として愛され続けるでしょう。

- (上写真) 2024年5月21日にイギリスで開催されたチェルシーフラワーショーの「ブリテン・イン・ブルーム60周年RHSガーデン」授賞式には、見附市稲田亮市長 (写真左) と出席し、林肇駐英日本大使 (当時・写真右) も参加しました。
- (左写真) かつて産業団地だったとは思えない姿に変わった、みつけイングリッシュガーデン。

"いまイギリスで注目度が高いベス・チャトー・ガーデン"

　いま、イギリスでもっとも注目されているガーデンのひとつが、ロンドンの北東、エセックスにある、ベス・チャトー・ガーデン（The Beth Chatto's Plants and Gardens）です。女性園芸家として名高いベス・チャトーさんが、1960年に夫とともに購入した土地を耕し、30年以上かけてつくりあげました。購入した当初は雑草が生い茂り、砂利に覆われたやせた土とぬかるみしかありませんでした。庭として植物を育てるのに適した土地ではなかったのです。しかし夫妻はその土地の特徴をあえて長所ととらえ、「水辺のある庭」、「荒地の庭」、「森の庭」へとつくりあげていきました。この荒地の庭がp.107で紹介したグラベルガーデンです。ベス・チャトー・ガーデンでは、温暖化へ進む気候に適応し、素晴らしい景観をつくり出しています。驚くことに、ここでは、1992年につくられてから現在に至るまで、一度も人工的な灌水をしていないというのです。しかも、エセックスは年間の降水量が少ない乾燥した地域であるにもかかわらずです。この場所はかつて砂利が敷かれた駐車場でした。最低限の水分しかないやせた土でどれだけ植物が育つか、彼女は実験したのです。この試みは温暖化へと向かうこれからの時代を生

きる我々に、多大な示唆を与えてくれます。

　ベスさんと私は過去何度も交流がありました。2009年、私がチェルシーフラワーショーのショーガーデンに出場したときには、わざわざ見に来てくださり、「素晴らしい庭」と誉めてくださったことが私の励みになりました。彼女は園芸家としてだけでなく、園芸知識が豊富な作家や講師としても活躍しました。2018年に94歳で彼女は亡くなりましたが、晩年も庭仕事をしていました。ベス・チャトー・ガーデンは彼女の孫娘に受け継がれ、ますます、その価値は高まっています。

- （p.120写真）2009年、ベス・チャトーさんと彼女の自宅にて。
- （p.121写真）グラベルガーデンを過ぎて進むと荒地だったとは思えないほど美しいウォーターガーデンが現れます。
- 園内には、ウッドランドガーデン、スクリーガーデン、レザボアガーデンもあります。

" 英訳されずそのまま海外で使われる「森林浴」"

　「ケイ山田ガーデニングスクール」では、イギリス国内の著名な園芸家などを招き、対面やオンラインで授業を行っています。最新のガーデニング事情や、奥儀を極めた深い知識など講師の皆さんが語る言葉は、楽しくかつ勉強になります。

　イギリスのプランツギークであるマイケル・ペリー氏は、SNSに3万人近いフォロワーがいるほど人気があります。彼は世界に影響を与える園芸家として、アメリカでも知られています。彼が来日し講義をしてくれたときに、イギリスで浸透している日本語について話してくれました。

　例えば、SUSHI、RAMEN、KOI（鯉）などは、すでに多くのイギリス人が知っています。いまではOKONOMIYAKI、DONBURI、KARAAGE、KATSUまで広がっているそうです。何より驚いたのが、KINTSUGI（金継）、SHINRINYOKU、KOMOREBI、KOKORO、IKIGAIなどの日本語も知的な人たちの間で使われていることです。

　確かにこれらの日本語は、訳すときに説明を要する言葉です。例えば、「侘び寂び」と同様に、英語圏に該当する言葉がないのです。

　日本では馴染み深い「木漏れ日」は、木々の葉の間から漏れ射す日の光のことです。まれにdancing shadowと訳されることもあるようですが、この現象をひと言で表す英単語はなく、KOMOREBIとなるのです。

　ペリー氏の授業当日、この講義を受けていた生徒のひとりが、海外旅行の際、空港で見つけたという英語の本をカバンから取り出し、皆に見せました。タイトルに引かれて買ったというその本のタイトルは、偶然にも「IKIGAI」でした。

　その後の授業では「侘び寂び」「生きがい」「木漏れ日」などの言葉が飛び交い、楽しく盛り上がり、何かイギリスがとても近くなったように感じました。さまざまな国の人々が旅をし、他国の文化に触れ、それを自国に持ち帰り言葉や習慣が広がっていく。それを可能にする平和が、ずっと続くことを願ったのでした。

● 木漏れ日が降り注ぐ夏のメドウの光景。芝生には木々の影が映ります。開園時に植えた木々が成長し、園内の奥のほうは森のように木々が高くなっています。このあたりは夏の暑い日でも、園内の日があたる場所に比べて、約4℃も気温が低いことがわかりました。また涼しいだけでなく、木の葉の存在で、夏の眩しい光もやわらぎます。

Spring

（左写真）球根花とともに春の芽吹きが楽しめます。
（右上写真）早春を知らせるヘパチカ（雪割草）。（右下写真）国内では珍しいイングリッシュブルーベルの群生。

Summer

（左写真）夏のアジサイ'アナベル'は圧巻のボリュームです。
（右上、右下写真）初夏はシャクヤクやアリウムが咲き誇ります。

蓼科高原 バラクラ イングリッシュ ガーデンの1年

　長野県茅野市にある「蓼科高原 バラクラ イングリッシュガーデン」は、日本で初めての本格的なイングリッシュガーデンです。

　四季折々、植物たちがさまざまに育ちながら、イギリスに伝わる庭園文化の奥深さを伝えています。

　早春のユキワリソウやクロッカス、スノードロップなどからはじまり、スイセン、ヒヤシンス、チューリップなど、たくさんの球根花と、サク

Autumn

（左写真）10月には収穫祭「ハーベストフェスティバル」を開催。
（右写真）美しい紅葉が秋の蓼科を彩ります。

Winter

（左写真）クリスマスまでは、日没後にイルミネーションイベントを開催。
（右写真）雪の日の庭は、特別な雰囲気になります。

ラをはじめとする花木たちが、蓼科の遅い春を華やかに彩ります。

　蓼科の初夏から夏は、高原らしい素晴らしい時季です。アリウム、シャクヤク、バラ、フロックス、そしてアジサイや夏の宿根草とともに生い茂るグリーンが、涼やかで特別な時間をもたらします。

　秋には艶やかなダリアや愛らしいオータムクロッカス（コルチカム）、赤や黄色に色づく木々の様子を、心地よい秋晴れのなか堪能できます。

　木々の葉がすっかり落ちる冬。緑色が残っている植物の葉に、霜の欠片がきらめきます。クリスマスまでの日没後にはイルミネーションで来園者をお迎えしています。

　イギリスの伝統的なケーキや食事が楽しめるレストランも併設。季節ごとの植物の美しさ、輝きはもちろん、蓼科高原の空気感を1日中、満喫できるイングリッシュガーデンです。

（左写真）着工前の原野の様子。（右上写真）外構に使う資材もイギリスから取り寄せました。（右下写真）庭づくりの前に建てたサミットハウス。

蓼科高原
バラクラ イングリッシュガーデンのあゆみ

「蓼科高原 バラクラ イングリッシュガーデン」は1990年にオープン。イギリスのガーデンデザインの第一人者である、ジョン・ブルックスの設計のもと、イギリスから植物や資材を輸入し、つくりあげた本格的なイングリッシュガーデンです。イギリスの庭園文化を日本に伝えたい、私はその一心でした。

例年6月には、「バラクラフラワーショー」を開催しています。イギリスをはじめとする国内外の第一人者を呼び、さまざまな講座を開いています。開園30年の2020年から5年連続で、イギリスの王立園芸協会（RHS）が選ぶ、世界230以上の名園のひとつであるパートナーガーデンに選ばれています。

（左写真）2002年チェルシーフラワーショーの私の作品。（右写真）バラクラには海外から多彩な専門家たちが訪れます。写真はプランツギークのマイケル・ペリー氏と。

Chapter 4

色別 フラワー コレクション

本書で紹介した植物や、私が選んだ
イングリッシュガーデンの植物たちです、
使いやすいよう、色別に並べました。

ここでの開花期は、一般的な暖地を基準としています。
園芸種の学名については、属名表記を基本としました（属名の横に＊を表記）。

Pink

クレマチス・モンタナ

分類	キンポウゲ科センニンソウ属
学名	*Clematis montana*
花期	4〜5月
草丈	5〜10m

バラ
'ブラッシュ・ランブラー'

分類	バラ科バラ属
学名	*Rosa* *
花期	5〜6月
樹高	3〜5m

掲載ページ→ p.2, p.45, p.87

シデコブシ

分類	モクレン科モクレン属
学名	*Magnolia stellata*
花期	3月中旬〜4月
樹高	4〜5m

掲載ページ→ p.46

アジサイ
'ピンクアナベル'

分類	アジサイ科アジサイ属
学名	*Hydrangea arborescens*
花期	6〜8月
樹高	90〜120cm

掲載ページ→ p.14

ユリ
'リップグロス'

分類	ユリ科ユリ属
学名	*Lilium* *
花期	6月中旬〜7月
草丈	80〜120cm

ビストルタ・アフィニス
別名 ポリゴナム・アフィネ

分類	タデ科イブキトラノオ属
学名	*Bistorta affinis*
花期	7〜10月
草丈	15〜20cm

チューリップ
'ライラックワンダー'

分類	ユリ科チューリップ属
学名	*Tulipa saxatilis*
花期	4月
草丈	10〜20cm

掲載ページ→ p.50

ストケシア

分類	キク科ストケシア属
学名	*Stokesia laevis*
花期	6〜10月
草丈	30〜50cm

ヒアシンソイデス・ヒスパニカ
'ロゼア'

分類	キジカクシ科ツリガネズイセン属
学名	*Hyacinthoides hispanica*
花期	4〜5月
草丈	20〜40cm

Pink

ミツバシモツケ
'ピンク プロフュージョン'

分類	バラ科ギレニア属
学名	*Gillenia trifoliata*
花期	5月下旬～7月
草丈	60～100cm

シモツケ

分類	バラ科シモツケ属
学名	*Spiraea japonica*
花期	5月中旬～6月
樹高	50～100cm

掲載ページ→ p.22

バラ
'バラクラ'

分類	バラ科バラ属
学名	*Rosa*[*]
花期	5～6月
樹高	50～60cm

シクラメン・ヘデリフォリウム

分類	サクラソウ科シクラメン属
学名	*Cyclamen hederifolium*
花期	9～12月
草丈	10～15cm

ラミウム・マクラツム

分類	シソ科オドリコソウ属
学名	*Lamium maculatum*
花期	5～6月
草丈	20～40cm

エキナセア・プルプレア

分類	キク科ムラサキバレンギク属
学名	*Echinacea purpurea*
花期	6月中旬～10月
草丈	50～70cm

シャクヤク
'麒麟丸'

分類	ボタン科ボタン属
学名	*Paeonia lactiflora*
花期	5～6月中旬
草丈	70～90cm

ユリ
'スイートロージー'

分類	ユリ科ユリ属
学名	*Lilium*[*]
花期	6～7月
草丈	70～100cm

フロックス
'ペパーミントツイスト'

分類	ハナシノブ科クサキョウチクトウ属
学名	*Phlox paniculata*
花期	6～9月
草丈	50～70cm

Pink

センニチコウ
'ラブラブラブ'

分類	ヒユ科センニチコウ属
学名	*Gomphrena* *
花期	5〜11月
草丈	50〜70cm

掲載ページ→ p.25, p.42

レッドキャンピオン

分類	ナデシコ科マンテマ属
学名	*Silene dioica*
花期	4〜8月
草丈	40〜60cm

掲載ページ→ p.28

チューリップ
'プリティラブ'

分類	ユリ科チューリップ属
学名	*Tulipa* *
花期	4月中旬〜下旬
草丈	35〜45cm

掲載ページ→ p.48

チューリップ
'サネ'

分類	ユリ科チューリップ属
学名	*Tulipa* *
花期	4月中旬〜4月下旬
草丈	40〜50cm

掲載ページ→ p.34

バラ
'サー・ポール・スミス'

分類	バラ科バラ属
学名	*Rosa* *
花期	5〜6月中旬
樹高	2〜3m

モナルダ

分類	シソ科モナルダ属
学名	*Monarda*
花期	6〜9月
草丈	60〜120cm

掲載ページ→ p.33

アストランティア
'ローマ'

分類	セリ科アストランティア属
学名	*Astrantia major*
花期	5〜7月
草丈	50〜60cm

シコクカッコウソウ

分類	サクラソウ科サクラソウ属
学名	*Primula kisoana*
花期	4〜5月
草丈	15〜20cm

プルモナリア
'ラズベリースプラッシュ'

分類	ムラサキ科プルモナリア属
学名	*Pulmonaria* *
花期	3〜5月
草丈	30〜40cm

掲載ページ→ p.26

Red - Brown

ユリ
'スコーピオ'

分類	ユリ科ユリ属
学名	*Lilium*＊
花期	7〜8月
草丈	70〜120cm

シャクヤク
'ショーダンス'

分類	ボタン科ボタン属
学名	*Paeonia lactiflora*
花期	5〜6月中旬
草丈	70〜90cm

ヤマアジサイ
'紅（くれない）'

分類	アジサイ科アジサイ属
学名	*Hydrangea serrata*
花期	6〜8月
樹高	1〜1.5m

ダリア
'クライスラー'

分類	キク科ダリア属
学名	*Dahlia*＊
花期	6〜11月上旬
草丈	1.2〜1.5m

掲載ページ→p.38

クリスマスローズ
'氷の薔薇レッド'

分類	キンポウゲ科ヘレボルス属
学名	*Helleborus*＊
花期	1〜4月
草丈	50〜60cm

掲載ページ→p.56

スモークツリー

分類	ウルシ科ハグマノキ属
学名	*Cotinus coggygria*
花期	6〜8月
樹高	3〜4m

ヒペリカム

分類	オトギリソウ科オトギリソウ属
学名	*Hypericum*
果期	8月下旬〜11月
樹高	1〜1.5m

ロサ・モエシー（実）

分類	バラ科バラ属
学名	*Rosa moyesii*
果期	7〜10月
樹高	1〜2m

ヘメロカリス

分類	ツルボラン科ワスレグサ属
学名	*Hemerocallis*
花期	6〜8月
草丈	45〜90cm

Orange - Yellow

ダリア
'アフターヌーン・ティー'

分類	キク科ダリア属
学名	*Dahlia* *
花期	6〜11月上旬
草丈	1〜1.2m

掲載ページ→ p.38

ジギタリス
'イルミネーションフレイム'

分類	オオバコ科ジギタリス属
学名	*Digitalis* *
花期	6〜10月
草丈	50〜70cm

掲載ページ→ p.52

ダリア
'ペンヒューストン'

分類	キク科ダリア属
学名	*Dahlia* *
花期	6〜11月上旬
草丈	1〜1.2m

掲載ページ→ p.36

ユーフォルビア
'ファイヤーグロー'

分類	トウダイグサ科トウダイグサ属
学名	*Euphorbia griffithii*
花期	5〜7月
草丈	60〜90cm

掲載ページ→ p.4, p.51, p.58, p.60, p.79

ヘリオプシス
'ブリーディングハーツ'

分類	キク科キクイモモドキ属
学名	*Heliopsis* *
花期	7〜10月
草丈	80〜120cm

掲載ページ→ p.33

オニユリ

分類	ユリ科ユリ属
学名	*Lilium lancifolium*
花期	7〜8月
草丈	60〜80cm

チューリップ
'バレリーナ'

分類	ユリ科チューリップ属
学名	*Tulipa* *
花期	4月中旬〜5月上旬
草丈	45〜55cm

掲載ページ→ p.4, p.34, p.58

ニッコウキスゲ

分類	ツルボラン科ワスレグサ属
学名	*Hemerocallis middendorffii*
花期	6〜7月
草丈	50〜80cm

掲載ページ→ p.105

ルドベキア
'タカオ'

分類	キク科ルドベキア属
学名	*Rudbeckia triloba*
花期	7〜10月
草丈	70〜80cm

掲載ページ→ p.36

Yellow

チューリップ ˈムスカデットˈ

分類	ユリ科チューリップ属
学名	*Tulipa**
花期	4月下旬〜5月上旬
草丈	60〜80cm

掲載ページ→ p.20, p.34

キイジョウロウホトトギス

分類	ユリ科ホトトギス属
学名	*Tricyrtis macranthopsis*
花期	10月
草丈	40〜80cm

カウスリップ 八重

分類	サクラソウ科サクラソウ属
学名	*Primula veris*
花期	3〜4月
草丈	20〜30cm

ラミウム・ガレオブドロン

分類	シソ科オドリコソウ属
学名	*Lamium galeobdolon*
花期	5〜6月
草丈	40〜50cm

カウスリップ
別名　プリムラ・ベリス

分類	サクラソウ科サクラソウ属
学名	*Primula veris*
花期	3〜4月
草丈	20〜30cm

ヤマブキソウ

分類	ケシ科ヤマブキソウ属
学名	*Hylomecon japonica*
花期	4〜5月
草丈	25〜35cm

エリスロニウム
別名　黄花カタクリ

分類	ユリ科カタクリ属
学名	*Erythronium**
花期	3〜4月
草丈	20〜40cm

ハニーサックル

分類	スイカズラ科スイカズラ属
学名	*Lonicera*
花期	6〜9月
樹高	3〜6m

ユリ ˈコンカドールˈ

分類	ユリ科ユリ属
学名	*Lilium**
花期	6〜7月
草丈	80〜120cm

掲載ページ→ p.14, p.17

Yellow

スイレン

分類	スイレン科スイレン属
学名	*Nymphaea* *
花期	5〜10月
草丈	—

スイセン
'ピピット'

分類	ヒガンバナ科スイセン属
学名	*Narcissus* *
花期	3月下旬〜5月
草丈	30〜40cm

掲載ページ→ p.56

ダリア
'ホンカ'

分類	キク科ダリア属
学名	*Dahlia* *
花期	6〜11月上旬
草丈	1〜1.2m

掲載ページ→ p.91

スイセン
'サンディスク'

分類	ヒガンバナ科スイセン属
学名	*Narcissus* *
花期	4〜5月上旬
草丈	25〜35cm

掲載ページ→ p.18

黄金フウチソウ

分類	イネ科ウラハグサ属
学名	*Hakonechloa macra*
花期	—
草丈	20〜30cm

掲載ページ→ p.58

ニセアカシア'フリーシア'
別名　ゴールデンアカシア

分類	マメ科ハリエンジュ属
学名	*Robinia pseudoacacia*
花期	5〜6月
樹高	3〜5m

掲載ページ→ p.55

フェンネル
別名　ウイキョウ

分類	セリ科フェンネル属
学名	*Foeniculum vulgare*
花期	6月中旬〜8月
草丈	1〜2m

アルケミラ・モリス

分類	バラ科ハゴロモグサ属
学名	*Alchemilla mollis*
花期	5〜6月
草丈	30〜40cm

エキナセア
'グリーン ツイスター'

分類	キク科ムラサキバレンギク属
学名	*Echinacea* *
花期	6月中旬〜8月
草丈	70〜90cm

Yellow - Green

バイモ
別名　バイモユリ

分類	ユリ科バイモ属
学名	*Fritillaria verticillata*
花期	3〜4月
草丈	30〜80cm

掲載ページ→ p.26, p.68

ウバユリ

分類	ユリ科ウバユリ属
学名	*Cardiocrinum cordatum*
花期	7〜8月
草丈	80〜100cm

ハンカチノキ

分類	ニッサ科ハンカチノキ属
学名	*Davidia involucrata*
花期	4月下旬〜5月
樹高	10〜20m

オオデマリ

分類	ガマズミ科ガマズミ属
学名	*Viburnum plicatum*
花期	5〜6月
樹高	3〜4m

掲載ページ→ p.81

クリスマスローズ

分類	キンポウゲ科ヘレボルス属
学名	*Helleborus*
花期	12〜3月
草丈	20〜30cm

グンネラ・マニカタ

分類	グンネラ科グンネラ属
学名	*Gunnera manicata*
花期	—
草丈	2m

ギボウシ
'ハルシオン'

分類	キジカクシ科ギボウシ属
学名	*Hosta**
花期	7〜8月
草丈	40〜50cm

掲載ページ→ p.60

ヤナギバグミ
別名　ロシアンオリーブ

分類	グミ科グミ属
学名	*Elaeagnus angustifolia*
花期	4月
樹高	1〜10m

ラムズイヤー

分類	シソ科イヌゴマ属
学名	*Stachys byzantina*
花期	5月中旬〜7月
草丈	30〜80cm

掲載ページ→ p.51

White

エレムルス・ロブスタス

分類	ツルボラン科エレムルス属
学名	*Eremurus robustus*
花期	5〜6月
草丈	1〜1.5m

掲載ページ→ p.52

ナツユキカズラ
別名　ルシアンバイン

分類	タデ科ソバカズラ属
学名	*Fallopia baldschuanica*
花期	7〜10月
樹高	6〜15m

掲載ページ→ p.55

アジサイ・パニキュラータ

分類	アジサイ科アジサイ属
学名	*Hydrangea paniculata*
花期	7〜10月
樹高	1.5〜3m

バラ
'ランブリング・レクター'

分類	バラ科バラ属
学名	*Rosa* *
花期	5〜6月
樹高	3〜5m

掲載ページ→ p.45

アジサイ
'アナベル'

分類	アジサイ科アジサイ属
学名	*Hydrangea arborescens*
花期	6〜9月
樹高	1〜1.5m

掲載ページ→ p.30, p.84, p.124

ヤマボウシ

分類	ミズキ科ミズキ属
学名	*Cornus kousa*
花期	5月下旬〜7月中旬
樹高	10〜15m

サラシナショウマ

分類	キンポウゲ科ルイヨウショウマ属
学名	*Actaea simplex*
花期	9〜10月
草丈	40〜100cm

バイカイカリソウ

分類	メギ科イカリソウ属
学名	*Epimedium diphyllum*
花期	4〜5月
草丈	20〜30cm

スイセン
'ルーレット'

分類	ヒガンバナ科スイセン属
学名	*Narcissus* *
花期	3月下旬〜4月中旬
草丈	40〜60cm

掲載ページ→ p.68

White

ツルアジサイ

分類	アジサイ科アジサイ属
学名	*Hydrangea petiolaris*
花期	6〜7月
樹高	10〜15m

ユリ
˙カサブランカ˙

分類	ユリ科ユリ属
学名	*Lilium* *
花期	6〜8月
草丈	1〜2m

シャクヤク
˙新珠˙

分類	ボタン科ボタン属
学名	*Paeonia lactiflora*
花期	5〜6月
草丈	60〜120cm

スノーフレーク

分類	ヒガンバナ科スノーフレーク属
学名	*Leucojum aestivum*
花期	3月中旬〜4月中旬
草丈	20〜45cm

掲載ページ→ p.34

カルミア

分類	ツツジ科カルミア属
学名	*Kalmia latifolia*
花期	5月上旬〜6月中旬
樹高	2〜3m

オーニソガラム・ウンベラタム

分類	キジカクシ科オーニソガラム属
学名	*Ornithogalum umbellatum*
花期	4〜5月
草丈	10〜20cm

掲載ページ→ p.88

レースフラワー

分類	セリ科アミ属
学名	*Ammi majus*
花期	5〜6月
草丈	50〜200cm

ダリア
˙ブルックサイドスノーボール˙

分類	キク科ダリア属
学名	*Dahlia* *
花期	6〜11月上旬
草丈	1〜1.2m

掲載ページ→ p.36

シュウメイギク
˙オノリーヌジョベール˙

分類	キンポウゲ科シュウメイギク属
学名	*Eriocapitella hupehensis*
花期	9〜11月
草丈	80〜100cm

掲載ページ→ p.72

White - Blue

イングリッシュデージー

分類	キク科ヒナギク属
学名	*Bellis perennis*
花期	4～5月・9～10月
草丈	10～15cm

掲載ページ→ p.81, p.96

ユーフォルビア ˊダイヤモンドフロストˊ

分類	トウダイグサ科トウダイグサ属
学名	*Euphorbia*＊
花期	4～11月
草丈	30～40cm

掲載ページ→ p.74

アガパンサス

分類	ヒガンバナ科アガパンサス属
学名	*Agapanthus*
花期	5月下旬～8月上旬
草丈	60～80cm

掲載ページ→ p.74

アストランティア・マヨール

分類	セリ科アストランティア属
学名	*Astrantia major*
花期	5～7月
草丈	60～90cm

スミレ ˊフレックスˊ
別名 そばかすスミレ

分類	スミレ科スミレ属
学名	*Viola sororia*
花期	2～4月
草丈	10cm

イングリッシュブルーベル

分類	キジカクシ科ツリガネズイセン属
学名	*Hyacinthoides non-scripta*
花期	4～5月
草丈	20～40cm

掲載ページ→ p.124

チコリ

分類	キク科キクニガナ属
学名	*Cichorium intybus*
花期	5～9月
草丈	60～150cm

掲載ページ→ p.33

ムクゲ ˊブルーサテンˊ

分類	アオイ科フヨウ属
学名	*Hibiscus syriacus*
花期	7～9月
樹高	2～4m

掲載ページ→ p.22

アジサイ ˊエンドレスサマーˊ

分類	アジサイ科アジサイ属
学名	*Hydrangea macrophylla*
花期	6～10月
樹高	60～80cm

掲載ページ→ p.30

Blue

ブルンネラ
別名　ブルネラ

分類	ムラサキ科ブルンネラ属
学名	*Brunnera macrophylla*
花期	4〜5月
草丈	30〜40cm

掲載ページ→ p.28

ワスレナグサ

分類	ムラサキ科ワスレナグサ属
学名	*Myosotis scorpioides*
花期	3月下旬〜6月上旬
草丈	10〜50cm

掲載ページ→ p.18

シャクナゲ・オーガスティニアイ

分類	ツツジ科ツツジ属
学名	*Rhododendron augustinei*
花期	4月下旬〜5月下旬
樹高	1.5〜2.5m

掲載ページ→ p.8, p.98, p.99

ムスカリ・アルメニカム

分類	キジカクシ科ムスカリ属
学名	*Muscari armeniacum*
花期	3〜4月
草丈	10〜15cm

サルビア・ファリナセア
'ビクトリアブルー'

分類	シソ科アキギリ属
学名	*Salvia farinacea*
花期	6〜10月
草丈	40〜50cm

掲載ページ→ p.25, p.41

ヒヤシンス
'ブルーダイヤモンド'

分類	キジカクシ科ヒヤシンス属
学名	*Hyacinthus orientalis*
花期	3〜4月
草丈	20〜30cm

掲載ページ→ p.62

ヒヤシンス
'ブルーパール'

分類	キジカクシ科ヒヤシンス属
学名	*Hyacinthus orientalis*
花期	3〜4月
草丈	20〜30cm

掲載ページ→ p.62

デルフィニウム　ジャイアント系

分類	キンポウゲ科ヒエンソウ属
学名	*Delphinium**
花期	5月中旬〜7月中旬
草丈	1〜1.5m

掲載ページ→ p.41

パンジー
'トゥルーブルー'

分類	スミレ科スミレ属
学名	*Viola × wittrockiana*
花期	10月下旬〜5月
草丈	10〜30cm

掲載ページ→ p.66

Purple

ハナショウブ

分類	アヤメ科アヤメ属
学名	*Iris ensata*
花期	5～6月
草丈	50～100cm

宿根アスター

分類	キク科シオン属
学名	*Aster*
花期	8～11月
草丈	80～150cm

掲載ページ→p.36, p.91

カマシア

分類	キジカクシ科カマシア属
学名	*Camassia*
花期	4月中旬～5月
草丈	40～80cm

掲載ページ→p.20, p.51

コルチカム´ウォーターリリー´
別名　**オータムクロッカス**

分類	イヌサフラン科イヌサフラン属
学名	*Colchicum**
花期	10～11月
草丈	15～20cm

掲載ページ→p.6

アネモネ・ブランダ

分類	キンポウゲ科イチリンソウ属
学名	*Anemone blanda*
花期	3～4月
草丈	8～15cm

イワシャジン

分類	キキョウ科ツリガネニンジン属
学名	*Adenophora takedae*
花期	9月中旬～10月上旬
草丈	30～70cm

アリウム・ギガンチウム
´**パープルセンセーション**´

分類	ヒガンバナ科ネギ属
学名	*Allium giganteum*
花期	5月下旬～6月中旬
草丈	1～1.5m

掲載ページ→p.60

ライラック

分類	モクセイ科ハシドイ属
学名	*Syringa vulgaris*
花期	4～5月
樹高	1.5～6m

ブッドレア

分類	ゴマノハグサ科フジウツギ属
学名	*Buddleja davidii*
花期	7～10月
樹高	2～3m

Purple - Black

チューリップ'パープルフラッグ'

分類	ユリ科チューリップ属
学名	*Tulipa* *
花期	4月中旬～5月上旬
草丈	35～45cm

掲載ページ→ p.8, p.62, p.66, p.99

クレマチス・ビチセラ

分類	キンポウゲ科センニンソウ属
学名	*Clematis viticella*
花期	6～9月
草丈	2～3m

アメジストセージ

分類	シソ科アキギリ属
学名	*Salvia leucantha*
花期	8～11月
草丈	40～50cm

サルビア'ロックンロールディープパープル'

分類	シソ科アキギリ属
学名	*Salvia* *
花期	5～11月
草丈	70～100cm

掲載ページ→ p.25

クロバナフウロ

分類	フウロソウ科フウロソウ属
学名	*Geranium phaeum*
花期	5～8月
草丈	45～75cm

コクリュウ

分類	キジカクシ科ジャノヒゲ属
学名	*Ophiopogon planiscapus*
花期	—
草丈	10～20cm

チューリップ'クイーンオブナイト'

分類	ユリ科チューリップ属
学名	*Tulipa* *
花期	4月下旬～5月上旬
草丈	40～50cm

掲載ページ→ p.34, p.76

カルミア'ギャラクシー'

分類	ツツジ科カルミア属
学名	*Kalmia latifolia*
花期	5～6月
樹高	2～3m

フリチラリア・ペルシカ

分類	ユリ科フリチラリア属
学名	*Fritillaria persica*
花期	4～5月
草丈	60～100cm

掲載ページ→ p.48, p.79

epilogue
あとがき

　常日ごろ繰り返して思っていることなのですが、「庭づくりには終わりはない」と感じています。

　冬の厳しい、ここ蓼科では、地面が凍りつくなかから、春の球根が顔を出しはじめます。花が咲き出し、それを眺めていると「この配列はどうだったかしら」などと考えたり、「この配色は成功だった」と思ったりして。

　しかし、そのシーズンが過ぎ、次の植物にリレーして新しい景色が生まれてくると、また喜んだり、「この配色はよかった」とか、「うまく育たなかった」など、心の中でつぶやいているのです。

　思いどおりにいかないことは世の常ですが、植物も同様な場合が多いのです。

　しかし、来園されるお客さまの「素敵でした」「癒やされました」というお言葉に励まされて、35年の年月を今日まで乗り越えてくることができました。

　この本を作るにあたり、KADOKAWA『花時間』編集部の皆さまには素晴らしい本に仕上げてくださったことを御礼申しあげます。編集長の柳さん、編集の櫻井さん、宮脇さん、カメラワークを担当してくださった三浦さん、皆さま本当にありがとうございました。

　バラクラスタッフの原さん、西本さん、英国との連絡役の白井さん、協力ありがとうございました。

　最後にともに庭づくりに取り組んで常に適切なアドバイスをしてくれる、弟の山田裕人にも感謝しています。

　そして写真を快く許可してくださいました、チャッツワース・ハウスのレディエマ・テナントさま、ガーデンライターのバーバラ・シーガルさま、ベス・チャトー・ガーデンさまにも感謝の思いをお伝え申しあげます。

GARDEN PALETTE

ケイ山田
Kay Yamada

英国園芸研究家。ガーデン＆ファッションデザイナー。1972年にファッションブランド『バラ色の暮し』を設立。1990年、『蓼科高原バラクラ イングリッシュガーデン』を開園。イギリスで毎年開催される「チェルシーフラワーショー」のショーガーデン部門に、2002年、日本人女性として初出場し、準金賞を受賞。2024年には、デザイン・監修を手がけた『みつけイングリッシュガーデン』(新潟)が、同フラワーショーの「ブリテン・イン・ブルーム」で、英国外初のゴールドコミュニティ賞を受賞。

蓼科高原 バラクラ イングリッシュガーデン
公式HP　https://barakura.co.jp
Instagram　@kayyamadagarden
　　　　　@barakuraenglishgarden

庭に美しいハーモニーを奏でよう
ケイ山田のガーデンパレット

2025年2月14日　初版発行

著　者　ケイ山田
発行者　山下直久
発　行　株式会社KADOKAWA
〒102-8177 東京都千代田区富士見2-13-3
TEL 0570・002・301（ナビダイヤル）

印刷所　大日本印刷株式会社
製本所　大日本印刷株式会社

＊本書の無断複製(コピー、スキャン、デジタル化等)並びに無断複製物の譲渡および配信は、著作権法上での例外を除き禁じられています。また、本書を代行業者等の第三者に依頼して複製する行為は、たとえ個人や家庭内での利用であっても一切認められておりません。
＊定価はカバーに表示してあります。

●お問い合わせ
https://www.kadokawa.co.jp/
(「お問い合わせ」へお進みください)
＊内容によっては、お答えできない場合があります。
＊サポートは日本国内のみとさせていただきます。
＊Japanese text only

©Kay Yamada 2025
Printed in Japan
ISBN 978-4-04-897813-2　C0077